Juttas®
großes Buch der
Muffins

150 Originalrezepte

Juttas® großes Buch der Muffins

150 Originalrezepte

Weltbild

Inhalt

Vorwort

Liebe Leserin, lieber Leser,
während meines vierjährigen Musik- und Medien-Studiums in Kanada lernte ich ein mir damals noch fremdes Gebäck kennen – die Muffins. Bereits die erste Kostprobe überzeugte mich. Da ich Muffins so sehr liebte, ernannte mich ein Studienkollege – ein Cree Indianer – unverhoffter Dinge zur »Miss Muffin«®.
Als ich nach meinem Abschluss wieder in meine schwäbische Heimat zurückkehrte, vermisste ich die Muffins sehr. Bereits 1987 wusste ich: Deutschland braucht Muffins, doch damals war die Zeit für Muffins hier zu Lande noch nicht reif. 1995 publizierte ich dann im Selbstverlag das erste Muffinsbackbuch in deutscher Sprache: »Jutta's Muffins«®. Damals hätte ich mir nie träumen lassen, dass diesem Buch noch 12 weitere folgen würden.
Für Sie, lieber Muffin-Kunde bin ich noch einmal voll durchgestartet und habe alles Wissenswerte in, um und über Muffins in einem Buch zusammengefasst. »Das große Buch der Muffins« soll Ihnen die Möglichkeit geben, alles aus einer Hand zu erfahren.
Dabei wurden die beliebtesten Rezepte aus früheren Büchern und viele neue Muffinsrezepte zu einem Werk vereint. Falls Sie trotzdem noch Fragen zum Muffinsbacken haben, dann dürfen Sie sich gerne über den Verlag an mich wenden! Ich freue mich, von Ihnen zu hören!
Dieses Buch entstand auch mit Unterstützung meiner Familie. Ein herzliches Dankeschön gilt meiner Schwester Irmhild für die praktische Beratung und die zahlreichen Stunden beim Probebacken am »heimischen Herd«.
Außerdem möchte ich mich bei meiner Mutter Margot, meinem Vater Bernhard und meiner 92-jährigen Großmutter Marta bedanken, die sich in meinen Kreis von Testessern einreihten und stets freudig Muffins gegessen haben. Nicht zuletzt möchte ich mich bei meinem himmlischen Vater bedanken für alle neuen Rezeptideen und seinen Segen. Wie heißt es doch so schön: An Gottes Segen ist alles gelegen.
Soli Deo gloria!
Und schließlich möchte ich mich auch bei Ihnen ganz

persönlich für Ihre Vorliebe für Muffins bedanken. Da haben wir etwas gemeinsam ... es leben die Mmmmmuffins!
Ihnen wünsche ich auch weiterhin ganz viel Spaß beim Muffinsbacken und einen guten Appetit! Lassen Sie ihrer Krea(k)tivität freien Lauf ...

Alles Liebe,
Ihre Miss Muffin®

Jutta Renz

Grundrezept

Zutaten

- **1 Tasse (120 g) Vollkorn- oder Weißmehl**
- **1 Tasse (140 g) Weißmehl**
- **2 1/2 TL Backpulver**
- **1/2 TL Natron**
- **1 TL Gewürze aller Art**
- **1/2–3/4 Tasse (60–90 g) gehackte Nüsse, Rosinen oder Schokostückchen**
- **1–2 Eier**
- **2/3–3/4 Tasse (120–140 g) brauner oder weißer Zucker**
- **1/3 Tasse (80 ml) Pflanzenöl oder 1/2 Tasse (125 g) weiche Butter oder Margarine**
- **1 Tasse (250 g) Milch oder Sauermilchprodukte (Buttermilch, Jogurt o. Ä.)**
- **1–1 1/2 Tassen (200–250 g) Obst aller Art**

1 Den Backofen auf 190 °C (Umluft 170 °C) vorheizen.

2 Die Muffinsblechvertiefungen einfetten oder Papierbackförmchen hineinsetzen. Die Förmchen bekommen Sie im Haushaltsgeschäft.

3 In einer mittelgroßen Schüssel sämtliche trockenen Zutaten, also das Mehl, das Backpulver, das Natron, die Gewürze und die Nüsse oder andere trockene Zutaten, mit einem Kochlöffel sorgfältig vermischen.

4 In einer weiteren großen Rührschüssel das Ei bzw. die Eier aufschlagen und ganz kurz verquirlen. Dann den Zucker, das Öl, die Butter oder Margarine, die Milchprodukte und das Obst sowie eventuell andere feuchte Zutaten zu der Mischung hinzugeben und kurz unterrühren.

5 Zuletzt die trockenen Zutaten auf einmal hinzufügen und vorsichtig unterheben. Bitte nur so lange rühren, bis die trockenen Zutaten feucht sind (etwa 20 Mal rühren, nicht zu lange!).

6 Den Teig in die Muffinsblechvertiefungen einfüllen. Bei 180 °C (Umluft 160 °C) auf mittlerer Schiebeleiste 20 bis 25 Minuten goldgelb backen. Die Muffins im Backblech 5 bis 10 Minuten ruhen lassen, dann aus den Förmchen nehmen und warm servieren oder abkühlen lassen und verzieren.

Muffins-Grundkurs

Muffins sind saftige kleine Kuchen, die zumeist aus Rührteig hergestellt werden. Ein echter Muffin ist locker und innen feucht, also nicht mit den »cup cakes« aus einer Art Biskuitteig zu verwechseln. Die festeren »English Muffins« sind ein Hefegebäck und stammen aus Großbritannien. Bei den vielfältigen, Varianten findet jeder Genießer schnell seine ganz spezielle Lieblingssorte.

Wann isst man Muffins?

- Muffins zum Frühstück – genießen Sie sie morgens zu einer Tasse Kaffee, Tee oder Kakao.
- Muffins als kleine Mahlzeit – kalt oder warm sind sie wunderbar zum »Vesper«, als leichtes Abendessen oder für die Kinder als Pausensnack.
- Muffins als Beilage – zum Hauptgericht am Mittag oder Abend, vor allem zum Braten schmecken sie einfach verführerisch.
- Muffins als kaltes oder warmes Dessert – zum Schlemmen für alle großen Naschkätzchen.
- Muffins zum Kaffeekränzchen oder zum gemütlichen Teestündchen – am Nachmittag für große Gäste.
- Muffins zum Kindergeburtstag – servieren Sie sie als Überraschung für kleine Gäste.
- Muffins als Geschenkidee – dekorieren und verpacken Sie sie hübsch als Mitbringsel für Freunde und Bekannte.
- Muffins fürs Picknick – sie passen prima zu einer fröhlichen Runde in der Sommersonne.
- Kurz und gut: Muffins schmecken einfach immer und überall!

Woher kommen Muffins?

Muffins stammen ursprünglich aus England. Der Name »Muffin« tauchte erstmals 1851 in einem britischen Magazin, dem »London Labour« auf. Diese Art von Muffins waren jedoch ein süßes Hefegebäck – anders, als wir sie heute kennen.
Sehr bald gab es dann in den Straßen englischer Städte den »muffin man«, eine Art Marktschreier, der früh morgens und am Nachmittag vom örtlichen Bäcker Muffins kaufte. Mit seiner Glocke pries er das frisch duftende Gebäck zum Tee an. Auffallend war, dass er sein Verkaufstablett auf dem Kopf trug. Bereits im victorianischen England waren Muffins also eines der beliebtesten Gebäcke.

Wie kamen Muffins nach Nordamerika?

Mit dem Auswandererstrom aus Europa fanden auch die Muffins ihre neue Heimat im Land der unbegrenzten Möglichkeiten.
Wie kam es zu dem Wandel vom Hefe- zum einfachen Rührteiggebäck? Diese Frage bleibt wohl unbeantwortet, doch gibt es eine plausible Erklärung: Vielleicht hatten die ersten Pionierfrauen in Amerika keine Hefe zur Hand?
Weshalb die Muffins gerade auf der anderen Seite des »großen Teichs« so außerordentlich beliebt wurden, erklärt sich dagegen ganz leicht: Die USA und Kanada

sind schnelllebige Länder. Die amerikanischen Hausfrauen halten sich nicht gerne stundenlang in der Küche auf – alles muss schnell und einfach gehen. Deshalb Muffins – ein fix und flott zubereitetes Gebäck!

Wie bäckt man Muffins?

Muffins backen ist kinderleicht! Der simple Rührteig ist in 10 bis 15 Minuten fertig zubereitet. Die Backzeit beträgt nur 20 bis 25 Minuten. Genaueres erfahren Sie auf den folgenden Seiten.

Wie »gesund« sind Muffins?

Wie Sie wissen, ist in Nordamerika »junk food« (ungesundes Fertigessen) keine Seltenheit. Als Gegenpol zu dieser eigentlich ziemlich minderwertigen Nahrung entstand die »Health food«-Bewegung, die ganz auf eine vollwertige Ernährung setzt. Zu ihrem Speiseplan gehören auch Muffins.

Die bekannteste Sorte der gesunden Muffins sind in Kanada die ballaststoffreichen »bran muffins«, d.h. die Kleiemuffins.
Wie Sie unseren Rezepten entnehmen können, bestehen Muffins grundsätzlich aus naturbelassenen und gesunden Lebensmitteln: Mehl (Sie können jederzeit auch Vollkornmehl nehmen, vorzugsweise frisch gemahlen), brauner Zucker oder Honig, Öl oder Butter, Buttermilch oder Jogurt, allerlei Gemüse-, Obst- und Fruchtsorten, Nüsse und Gewürze aller Art. Wenn Sie Muffins mit solchen vollwertigen Zutaten backen, sind sie, ähnlich wie beispielsweise ein Müsli, sehr sättigend.
Im Übrigen: Muffins sind immer genau so gesund, wie Sie sie haben möchten. Wenn Sie nur Vollwertprodukte verwenden, z. B. Vollkornmehl, Weinstein-Backpulver, Rohrohrzucker, Bourbon-Vanillezucker usw., dann zählen Muffins bei Ihnen auch zu den Vollwertprodukten.
Wenn Sie für eine feine Kaffeetafel einmal eher auf Weißmehl, weißen Zucker und Schlagsahne setzen wollen – warum nicht?

Warum – weshalb – wieso gerade Muffins?

Deutschland ist weltweit für sein einzigartiges Sortiment an Backwaren bekannt.
Wenn man nur die Vielfalt unserer Brotsorten betrachtet, sind wir Spitzenreiter.
Also, warum Muffins in Deutschland?
Warum nicht? Wir Deutschen sind eines der reiselustigsten Völker auf der Welt.
So mancher überquerte bereits den »großen Teich« und lernte dort die Muffins kennen und lieben – so wie ich.
In Kanada sind die Muffins mittlerweile Nationalgebäck.
An jeder Straßenecke und in jedem Einkaufszentrum gibt es ein oder mehrere Muffins-Cafés. Die Vielfalt der Muffinssorten ist gigantisch.
Aber wir können, was die Rezeptevielfalt anbelangt, mittlerweile auch schon mithalten. In vielen Bäckereien, an mancher Kuchentheke, ja selbst auf Autobahnraststätten sind inzwischen auch in Deutschland Muffins zu bekommen. Aber am besten sind sie natürlich immer noch ganz frisch aus Ihrer eigenen Backstube.

Tipps & Tricks

Auf den folgenden Seiten erfahren Sie alles, was Sie über die Muffinsbäckerei wissen müssen. So fällt es Ihnen dann auch leichter, eigene Muffinskreationen zu entwickeln. Sie werden sehen, mit ein wenig Übung fällt das ganz leicht.

Backzubehör

- 2–3 Rührschüsseln
- 1 Gabel und 1 Kochlöffel
- 1 Tee- und 1 Esslöffel
- 1 Messtasse oder 1 Haushaltswaage.

Mit der Messtasse aus Plastik, Metall oder Glas macht das Backen einen Riesenspaß. Sie müssen nichts mehr abwiegen. Die Maßeinheiten sind auf Seite 13 genau beschrieben. Wenn Sie in Ihrem Haushaltsgeschäft keine Messtasse bekommen können, versuchen Sie es doch einmal mit einem Kaffeebecher. Er sollte 250 Milliliter Inhalt haben, dann stimmen die Mengen, und das Backen geht Ihnen noch schneller von der Hand.

- Eventuell fertige Papierbackförmchen (im Haushaltsgeschäft erhältlich)
- 1 Muffinsbackblech mit 12 Vertiefungen oder zwei Bleche mit 6 Vertiefungen.

Backbleche

Muffinsbackformen gibt es mittlerweile in verschiedenen Größen und Formen:

- Minimuffinsblech (Pralinengröße) mit 12 oder 24 Vertiefungen
  Die Teigmenge aller Rezepte in diesem Buch ergibt etwa 36 (!) Minimuffins
- Mediummuffinsblech (mittlere Größe mit 6 oder 12 Vertiefungen)
  Alle Rezepte in diesem Buch ergeben 12 schöne, große Muffins!
- Texasmuffinsblech (6er-Blech mit sehr großen runden Einbuchtungen)
  Unsere Rezepte reichen für 6 riesengroße Texas-Muffins.
- Blech mit 6 großen, rechteckigen Vertiefungen. Die Teigmenge ist dieselbe wie für 12 Standard-Muffins, entspricht also einem unserer Rezepte. Diese Muffinform eignet sich für besondere Verzierungen, z. B. für Handy- oder Klavier-Muffins, aber auch für herzhafte Muffins.
- Sonstige Backformen: z. B. Bärchen-, Tannenbaumform mit 6 Vertiefungen. Die Teigmenge in unseren Rezepten entspricht etwa 8 bis 10 solcher besonderen Muffins.

Einkauf

Ab und zu werden Sie in diesem Buch vielleicht Zutaten finden, die Sie noch nicht kennen, z. B. Melasse (Zuckerrübensirup) o. Ä. Im Lebensmittelgeschäft, in der Reformabteilung des Supermarktes oder im Reformhaus sind jedoch alle erhältlich. Den Zuckerrübensirup kennt man in Deutschland unter dem Namen »Grafschafter Goldsaft«. Er kann den relativ teuren, Ahornsirup ersetzen.

Tipps für Gesundheitsbewusste

Vollkornmehl ist gesünder als gebleichtes Weißmehl, da es reich an Ballaststoffen ist. *Weinstein-Backpulver* besteht aus Weinsäure, die aus Weintrauben gewonnen wird. Sie ist phosphatfrei und somit gesünder als das herkömmliche Backpulver. Außerdem ist Natron enthalten, das fürs Muffinsbacken sehr hilfreich ist. Natron ist eine Art Lauge und sorgt dafür, dass in der kurzen Backzeit die Muffins schön aufgehen und innen wunderbar locker bleiben. Dem weißen *Zucker* werden beim Bleichen alle Vitalstoffen entzogen. Gelangt dieser nun durch die Nahrungsaufnahme in den menschlichen Körper, so agiert er als Vitamin- und Mineralstoffräuber. Der herkömmliche braune Zucker besteht oft aus eingefärbtem Raffineriezucker und ist deshalb kein bisschen gesünder als der weiße Zucker. Besser ist der Rohrohrzucker und die Ursüße, die aus dem unbehandelten Zuckerrohr gewonnen werden. Diese sind reich an Vitaminen und Mineralstoffen. Ganz auf Zucker oder Honig verzichten können Sie bei süßen Muffinsrezepten natürlich nicht. Am gesündesten sind kalt gepresste *Öle*, wie z. B. Rapsöl, Maiskeim- oder Sonnenblumenöl mit mehrfach ungesättigten Fettsäuren. Bitte lesen Sie beim Einkauf die Angaben auf der Flasche.

Die Backzutaten

Lieben Sie es vollwertig und gesund, dann können Sie ausschließlich Vollwertprodukte verwenden, die im Kaufhaus oder der Reformabteilung im Supermarkt erhältlich sind. Ist Ihnen jedoch die herkömmliche Backweise am liebsten, können Sie auch weißen Zucker und ausschließlich weißes Mehl verwenden.

▶ Wenn man zuerst alle Zutaten zusammenträgt, ist die Zubereitungszeit effektiver und kürzer.

▶ Frische Zutaten führen zu besten Ergebnissen.

▶ Alle Zutaten sollten Zimmertemperatur haben.

Zutaten austauschen

Oh Schreck – wie oft fehlt in der Küche eine Zutat zum Backen. Beim Muffinsbacken ist das kein Problem, denn fast alle Zutaten von Muffinsrezepten sind austauschbar.

▶ Mehl: Vollkorn- oder Weißmehl (beide sind austauschbar). Wenn Sie ausschließlich Vollkornmehl verwenden, dann fügen Sie etwas mehr Flüssigkeit hinzu, da das Vollkornmehl die Flüssigkeit »aufsaugt.«

▶ Kleie: Weizen- oder Haferkleie (beliebig austauschbar)

▶ Backtriebmittel: Hausnatron (gibt's in der Drogerie oder im Supermarkt), Hirschhornsalz oder Backpulver

▶ Nüsse: Walnüsse, Pecan-, Cashew-, Hasel- oder Erdnüsse, Pinienkerne usw. oder Mandeln. Die Originalrezepte aus Nordamerika beinhalten meist Pecannüsse. In den Südstaaten der USA werden diese in riesigen Plantagen angebaut und sind deshalb sehr preisgünstig zu bekom-

▶ **Tipp:** Wenn im Rezept ein Sauermilchprodukt wie Buttermilch, Jogurt oder saure Sahne, Crème fraîche oder Schmant angegeben ist, dann sollte unbedingt 1/2 Teelöffel Natron als Backtriebmittel verwendet werden, da ansonsten die Muffins aufgrund des höheren Fettgehalts nicht so gut aufgehen. Wenn Sie nur Milch verwenden, dann können Sie auch das Natron weglassen und drei Teelöffel Backpulver verwenden!

men. In unseren Breiten sind sie jedoch leider nicht immer erhältlich und dann auch verhältnismäßig teuer. Der geeignetste Ersatz sind Walnüsse. Es können aber auch andere Nüsse jeglicher Art verwendet werden, sie ergeben jedoch einen anderen Geschmack.

▶ Vanille: 1 Päckchen Vanillezucker (z. B. Bourbon-Vanillezucker) oder 1 Fläschchen Butter-Vanille-Backaroma (Dr. Oetker). Mittlerweile ist in unseren Supermärkten auch flüssige Vanille in Fläschchen erhältlich. Gut geeignet ist auch das Vanillepulver aus Dänemark. Wenn Sie es bekommen können, greifen Sie zu!

▶ Brauner Zucker: weißer Zucker oder Honig (beliebig austauschbar)

▶ Öl: Weiche Butter oder Margarine (Geschmackssache!). Die Menge an Öl beträgt meist 1/4–1/2 Tasse. Sie können prinzipiell auch 1/3 Tasse (80 Milliliter) verwenden. Das Öl macht den Muffin schön feucht und saftig!

In den herzhaften Rezepten wurde die Ölmenge auf 1/4 Tasse (60 Milliliter) reduziert, da in den meisten Rezepten Käse enthalten ist und somit der Fettgehalt ohnehin erhöht ist.

▶ **Tipp:** Die meisten Rezepte beinhalten 1 Ei. Bitte verwenden Sie 1 mittelgroßes Ei oder 2 kleine Eier. Zu viel Ei macht die Muffins trocken; der Geschmack verbessert sich auf diese Weise nicht.

▶ Ei: Anstelle von einem Ei können Sie auch zwei Eiweiße (weniger Cholesterin!) verwenden oder das Ei komplett durch 1/3 Tasse (85 Gramm) Apfelmus ersetzen. Dies ist besonders für Nahrungsmittelallergiker zu empfehlen.

▶ Milch: Wasser mit Schlagsahne oder Dosenmilch vermischt (in gleicher Menge). Milch gibt es im Supermarkt auch mit verschiedenen Geschmacksrichtungen, z. B. mit Schoko- oder Fruchtgeschmack. Sie lässt sich in der Muffinsbäckerei sehr gut verwenden. Testen Sie es selbst!

▶ Buttermilch: Naturjogurt, Milch, Dickmilch, Sauermilch oder saure Sahne (auch als Schmant im Handel zu bekommen).

▶ **Tipp:** Eine Tasse Milch mit 1 Esslöffel Essig oder Zitronensaft vermischt, ergibt saure Milch. Beim Verwenden von saurer Milch oder saurer Sahne muss unbedingt 1/2 Teelöffel Natron zu den trockenen Zutaten beigemischt werden, damit der Teig gut aufgehen kann. Das Natron bindet die Säure! Der erhöhte Fettgehalt macht die Muffins locker und gibt ihnen eine »saftige« Konsistenz. Muffins sollten schließlich nie trocken sein!

Mittlerweile gibt es Buttermilch auch mit verschiedenen Geschmacksrichtungen, z. B. mit Bananen- oder Erdbeergeschmack.

▶ Jogurt: Buttermilch, Milch, Dickmilch oder saure Sahne. Denken Sie an die Vielfalt der Jogurtsorten in unseren Regalen. Variieren Sie die Rezepte passend zum Geschmack und zu den übrigen Zutaten mit Fruchtjogurt oder anderen Geschmacksrichtungen!

▶ Obst und Früchte: Trockenfrüchte aller Art (am besten vorher in heißem Wasser einweichen, dann das Wasser abgießen und nicht weiter verwenden). Trockenfrüchte sollten ungeschwefelt sein. Sie lassen sich relativ leicht auch selbst herstellen, wenn Sie frisches Obst in dünne Scheibchen schneiden und im Backofen bei kleinster Hitze und offener Backofentür trocknen. Legen Sie sich einen kleinen Vorrat an Trockenfrüchten an, dann können Sie jederzeit darauf zurückgreifen – und ganz nebenbei sind Trockenfrüchte auch ein feiner Snack für zwischendurch und für unterwegs, z. B. auf langen Auto- oder Zugfahrten.

▶ Rosinen: Rumrosinen oder andere Trockenfrüchte, z. B. getrocknete Aprikosen, Trockenäpfel oder Ähnliches. Um den feinen Geschmack der Rosinen noch zu verstärken, sollten sie immer vorher in etwas heißem Wasser oder in Rum eingeweicht werden. Das Wasser sollten sie weggießen, den Rum jedoch können Sie – wenn Sie den Alkohol nicht scheuen und den Geschmack mögen – auch zum Tränken der Muffins nach dem Backen verwenden. Die Rosinen können aber auch ganz weggelassen werden.

Tipps für Gestresste unter Zeitdruck

Wenn Sie die Muffins für einen bestimmten Anlass frisch servieren möchten und den Teig nicht kurz vorher vorbereiten können, gibt es folgende Möglichkeit: Mischen Sie die trockenen Zutaten im Voraus auf Vorrat. Die feuchten Zutaten, wie Ei, Öl, usw., sind dann schnell verrührt und können mit den trockenen Zutaten fix gemischt werden.
So sparen Sie etwas Zeit. Aber grundsätzlich sind Muffins ohnehin ein schnelles Gebäck, das jederzeit frisch zubereitet werden kann.

Maßeinheiten

In Kanada und den USA wird prinzipiell mit der »cup«, d. h. der Messtasse gemessen. Dieses Grundmaß bezieht sich stets auf 1 Tasse, die 250 Milliliter, also einem Viertelliter entspricht. In diesem Buch sind alle Zutaten sowohl in Tassen als auch in Gramm angegeben. Durch die unterschiedliche Dichte der Zutaten ergeben sich beim Abwiegen ab und zu ungerade Grammangaben. Lassen Sie sich dadurch nicht beirren, auf ein Gramm mehr oder weniger kommt es nicht an.
Vor allem für Kinder ist das Backen mit der Messtasse viel einfacher. Versuchen Sie es selbst! Wenn Sie im Haushaltsgeschäft keine Messtasse bekommen können, versuchen Sie es mit einem Kaffeebecher, der genau einen Viertelliter Inhalt fasst.

Teigzubereitung

Muffins sind jederzeit schnell und problemlos zubereitet. Die Vorbereitungszeit beträgt nur 10 bis 20 Minuten. Muffins zählen also zu den schnellsten Kuchen der Welt! Die trockenen Zutaten (z. B. Mehl) und die feuchten Zutaten (z. B. Ei) werden grundsätzlich getrennt voneinander in zwei separaten (!) Schüsseln angerührt. Wenn dann die trockenen und feuchten Zutaten miteinander vermischt werden, wird der Teig nur noch so lange gerührt, bis die Zutaten gut feucht

und noch ein wenig »klumpig« sind. Im Schnitt reicht es, wenn man 20 Mal rührt. Der Teig sollte also sehr schnell verarbeitet werden. Dies ist die Grundregel beim Muffinsbacken, die auch in vielen Rezepten immer wieder erwähnt wird: Rühren Sie den Teig auf keinen Fall zu lange!
Zum Rühren benötigt man einen Esslöffel oder einen Kochlöffel aus Holz, Metall oder Kunststoff. Wird das elektrische Handrührgerät benutzt, dann bitte nur für die flüssigen Zutaten und nur auf Stufe 1!
Der Rührteig sollte nie schaumig geschlagen werden und noch locker bleiben. Der Teig sollte »zähflüssig« sein, also nicht zu flüssig oder zu fest. Wenn Sie den Rührlöffel hochnehmen, sollte der Teig schwer reißend herunterfallen.
Bitte behalten Sie den Teig gut im Auge. Wird nämlich die fertige Teigmasse zu lange gerührt und steht sie geraume Zeit, bevor sie in den Backofen kommt, dann löst sich das Gluten (Klebereiweiß) im Mehl auf, und die Muffins werden hart, trocken und schwer. Je schneller also der Teig in die Förmchen gefüllt und das Backblech in den Ofen geschoben wird, desto schöner werden die Muffins: leicht und locker!

Backen

Bekommt man unverhofft Gäste und möchte schnell etwas Essbares herbeizaubern, so ist man mit Muffins gut bedient. Da es sich bei Muffins um ein Kleingebäck handelt, ist die Backdauer auch relativ kurz: etwa 20 bis 30 Minuten.
Je nach Größe der Vertiefungen im Muffinsblech ändert sich selbstverständlich auch die Länge der Backzeit! Je mehr Inhalt in die Förmchen gegeben wird, desto länger ist die Backzeit. Die Standardangaben beziehen sich auf Teigfüllen bis fast zum oberen Rand. Dies ergibt 12 schöne, große Muffins. Der Backofen sollte stets auf 190 °C–200 °C (Umluft 170 °C–180 °C) vorgeheizt werden. Beim Gasherd gilt die Stufe 3.
Die Muffins werden im heißen Backofen bei mittlerer Hitze (180 °C, Umluft 160 °C) auf der mittleren Schiebeleiste goldgelb gebacken. Wenn Sie Ihre ersten Muffins backen, sollten Sie den Backvorgang gut beobachten. Kein Backofen ist wie der andere, und Ihren eigenen Backofen kennen Sie selbst am besten. Da die Backzeit recht kurz ist, ist es wichtig, am Anfang eine möglichst hohe Temperatur zu gewährleisten; nach 10 Minuten können Sie die Hitze nach Bedarf etwas zurückschalten.
Wenn Sie Papierbackförmchen benutzen, dann brauchen Sie die Vertiefungen nicht zu fetten. Ansonsten sollte das Blech gut gefettet werden, also die Einbuchtungen und der äußere Rand, damit größere Muffins nicht am Blech oben kleben bleiben! Wenn Sie mögen, können Sie die Vertiefungen nach dem Einfetten auch noch mit etwas Mehl bestäuben.
Auch wenn die Neugier noch so groß ist: Bitte öffnen Sie die Backofentür immer erst nach 10 bis 15 Minuten der Backzeit. Zu frühes Öffnen des Backofens birgt die Gefahr in sich, dass die Muffins in sich zusammenfallen, wenn sie mit der kalten Luft

in Berührung kommen. Mit der Zeit erkennen Sie den Zustand der Muffins an deren Farbe.
Die »Zahnstocher-Test-Methode« ist geeignet, um festzustellen, ob die Muffins schon fertig sind. Es geht auch mit einer Rouladennadel: Wenn kein Teig mehr hängen bleibt, sind die Muffins gut durchgebacken.
Es geht aber auch mit dem Finger: Beim Eindrücken mit dem Finger sollte der Muffin seine ursprüngliche Form bewahren, dann ist er fertig! Falls die Mulde eingedrückt bleibt, muss noch etwas länger gebacken werden.
Bevor man die Muffins aus dem Blech nimmt, sollten sie noch 5 bis 10 Minuten im Backblech abkühlen. Dies ist besonders bei Früchtemuffins sehr wichtig. Mit einer Drehbewegung gegen (!) den Uhrzeigersinn lassen sich die Muffins dann einfach aus den Blechvertiefungen lösen. Servieren Sie sie warm, oder lassen Sie sie vor dem Dekorieren abkühlen.
Ein hilfreicher Trick: Stellen Sie das Backblech einige Zeit auf ein angefeuchtetes Tuch; dann lösen sich die Muffins besser vom Blech.

Dekorieren & Verzieren

Das Auge isst bekanntlich mit. Und deshalb sind Glasuren und Verzierungen für das süße Gebäck ein Muss. Muffins schmecken doppelt so lecker, wenn sie mit einer zuckersüßen Glasur, einem Schokoladehäubchen oder mit Marzipan- oder Zuckerfigürchen dekoriert sind. Lassen Sie sich inspirieren, und versuchen Sie sich ruhig auch beim Dekorieren einmal an eigenen Kreationen.

- Bevor Sie Ihre Muffins mit Schokolade oder Ähnlichem überziehen, können Sie sie vorher noch aprikotieren. Dadurch bekommt der Guss einen besonders schönen Glanz. Der Vorgang ist etwas zeitaufwändig, lohnt sich aber in jedem Fall. Sie brauchen dafür 3–4 Esslöffel Fruchtgelee oder Marmelade und 1 Esslöffel Wasser. Das Fruchtgelee wird kurz erwärmt und nach Bedarf durch ein Sieb gestrichen. Dann rühren Sie das Wasser unter und bepinseln die Muffins schön gleichmäßig.
- Dekostreusel bekommen Sie im Backregal Ihres Supermarkts, und es lohnt sich, einen kleinen Vorrat anzulegen: Schokoladen- und Zuckerstreusel, Liebesperlen und viele andere sind immer beliebt.
- Für Kindergeburtstage sind Muffins mit Smarties-Verzierungen sehr gefragt. Die so genannten »Smileys« stehen bei den jüngsten Naschkatzen hoch im Kurs, ebenso wie alle möglichen kunterbunten Verzierungen. Lebensmittelfarbe für Ihren Zuckerguss sollten Sie unbedingt im Vorrat haben.
- Fertige Figürchen aus Zucker oder Marzipan erhalten Sie im Supermarkt oder beim Konditor. Für besondere Anlässe können Sie solche Figuren sogar extra beim Konditor anfertigen lassen. Mit Marzipankarotten können Sie beispielsweise Karottenmuffins lustig dekorieren. Mit Folie hübsch verpackt, sind derartig verzierte Muffins auch ein nettes Mitbringsel für Ihre Freunde.
- Für das Bufett, die Party oder den Kindergeburtstag können Sie Ihre Muffins auch mit Partyschirmchen aus Papier, Fähnchen, Puppenlichtern, Partykerzchen oder sonstigem »Schnickschnack« dekorieren.

Feine Glasuren & Cremes

▶ Für ein echt amerikanisches »Icing« brauchen Sie 250 Gramm Pflanzenfett (Palmin oder Ähnliches), 60 Milliliter Milch, 150 Gramm gesiebten Puderzucker und ein Päckchen Vanillezucker. Alle Zutaten werden in eine Rührschüssel gegeben und mit dem Rührgerät schaumig geschlagen. Die Masse dann in einen Spritzbeutel füllen und die Muffins verzieren.

▶ **Tipp:** Das amerikanische Icing ist sehr süß, wie man es eben in Amerika liebt. Mit einem Spritzer Zitronensaft wird das Ganze jedoch etwas »entschärft«. Nach Belieben können Sie mit einigen Tropfen Lebensmittelfarbe das Icing noch schön bunt einfärben und hübsche Motive auf die Muffins spritzen. Lassen Sie Ihrer Phantasie auch hier freien Lauf. Speziell für Kinder kann es gar nicht genug Dekoration sein – sie lieben es bunt und süß und haben ihren Spaß an Verzierungen. Schließlich isst das Auge ja mit …

▶ Für eine Honigglasur nehmen Sie 180 Gramm flüssigen Honig, 100 Gramm Ahorn- oder Rübensirup, 1–2 Esslöffel Butter und nach Belieben noch 3–4 Esslöffel gehackte Nüsse. In einem kleinen Topf werden alle Zutaten gut miteinander verrührt, dann lassen Sie die Masse kurz aufkochen und wieder abkühlen, bevor Sie sie gleichmäßig auf die Muffins streichen. Leicht antrocknen lassen und mit gehackten Nüssen bestreuen.

▶ Für einen leckeren Kaffeeguss geben Sie 140 Gramm Puderzucker und 3–4 Esslöffel Kaffee oder Espresso in eine Schüssel und rühren das Ganze glatt. Die Muffins in die Glasur eintauchen, abtropfen und etwas antrocknen lassen.

▶ **Tipp:** Bestreuen Sie Muffins mit Kaffeeglasur mit feinen Schokostreuseln oder Schokoblättchen, oder setzen Sie auf jedes Muffin eine Mokkabohne. Das sieht hübsch aus, und die Muffins schmecken noch besser. Mit einem Teelöffel Kaffeelikör wird diese Glasur noch aromatischer.

▶ Für eine leicht beschwipste Puderzuckerglasur verrühren Sie 140 Gramm Puderzucker mit 2–3 Esslöffeln Alkohol, z.B. Wein, Likör oder auch Rum, und mit 2–3 Esslöffeln weicher Butter oder einem Eiweiß. Die Muffins werden in die Glasur eingetaucht und müssen dann vor dem Servieren leicht antrocknen.

▶ **Tipp:** Vor allem wenn Sie große Mengen von Muffins glasieren und dekorieren möchten, empfiehlt es sich, die Muffins mit der Oberseite in die Glasur einzutauchen. Dann können Sie die noch feuchte Glasur mit Schoko- oder Zuckerstreuseln, Nuss- oder Kokosraspel bestreuen. Anschließend gut trocknen lassen!

▶ Sie möchten Ihre Muffins mit Sahne verzieren? Lassen Sie Ihrer Phantasie freien Lauf! Die steif geschlagene Schlagsahne lässt sich mit allen möglichen Zutaten verfeinern, so z. B. mit 2 Esslöffeln Likör, mit geschmolzener Schokolade, mit Vanille … Ersetzen Sie die Sahne auch mal durch Frischkäse!

Aufbewahren & Einfrieren

Muffins sollten eigentlich frisch genossen werden. Wenn es sich aber nicht vermeiden lässt, sie zu lagern, lassen sie sich am besten in einem Plastik-behälter oder in einer Plastiktüte im Vorratsschrank aufbewahren. So bleiben sie länger feucht!
Bei längerer Aufbewahrungszeit vor allem im Sommer (maximal 1 Woche) sollten die Muffins im Kühlschrank gelagert werden.
Auf Vorrat backen lohnt sich aber dennoch, denn Muffins eignen sich hervorragend zum Einfrieren. Lassen Sie die Muffins vollständig abkühlen, und verpacken Sie sie dann luftdicht in einem Gefrierbeutel. Im Backofen (10 bis 15 Minuten bei 180 °C) oder im Mikrowellenherd (maximal 1 Minute) sind sie blitzschnell wieder aufgetaut und auch noch gerade so aufgewärmt, wie Sie sie am liebsten essen.
Und noch ein Geheimtipp aus der Muffinologie: Der Muffinsteig lässt sich ebenfalls gut einfrieren. Füllen Sie wie gewohnt den Teig in die gut gefetteten Muffinsblech-Vertiefungen. Bitte keine Papierbackförmchen verwenden, da der gefrorene Teig am Papier kleben bleibt. Frieren Sie nun das gesamte Blech mit dem Teiginhalt so lange ein, bis die Teigteile gut gefroren sind. Nehmen Sie nun die gefrorenen Muffins aus dem Blech, und frieren Sie sie, in einem Gefrierbeutel abgepackt, ein. Die Aufbewahrungszeit beträgt etwa 3 Monate. Wenn Sie nun später schnell Muffins benötigen, können Sie die gefrorenen Teigteile wieder in das Backblech setzen und ausbacken. Die Backzeit verlängert sich dadurch lediglich um 5 bis 6 Minuten.

Essen & Servieren

▶ Süße Muffins: Muffins mit Früchten oder Gemüse, z. B. die Karottenmuffins, schmecken auch noch später. Sie können Sie gut einen Tag vor dem Genuss vorbereiten. Muffins ohne Obst haben einen geringeren Feuchtigkeitsgehalt und schmecken am besten frisch aus dem Backofen und noch warm.

▶ Je nach Geschmack können Sie die Muffins auch mit Apfelmus, Früchtekompott oder -püree, einer Kaltschale oder Fruchtsauce servieren. Oder einfach mit frisch aufgeschlagener Schlagsahne.

▶ **Tipp:** Sie möchten mal etwas anderes ausprobieren? Dann schlagen Sie doch statt der Sahne einen fettarmen, cremig gerührten Quark auf. Geben Sie vor dem Schlagen etwas Puderzucker und einen kleinen Schuss Mineralwasser mit Kohlensäure dazu, dann wird der Quark schön schaumig. Gerade im Sommer schmeckt er frisch und säuerlich und passt wunderbar zu Früchtemuffins.

▶ Salzige Muffins: Alle herzhaften Muffins werden z. B. als Beilage zum Mittag- oder Abendessen zu Chili con carne, einem frischen Salat oder einer Suppe warm (!) serviert. Herzhafte Muffins nie kalt anbieten! Herzhafte Muffins schmecken am besten frisch aus dem Backofen und noch warm! Auch auf dem Bufett oder zum Picknick sollten sie warmgehalten werden.

Süße Muffins

Muffins mit Früchten, mit feinen Füllungen, mit unwiderstehlicher Schokolade und auch einmal mit einem kleinen Schwips für die erwachsenen Genießer: In diesem Kapitel finden Sie die schönsten Rezepte für süße Muffins. Gönnen Sie sich den kleinen, schnellen Genuss zum Kaffeeklatsch oder zum Tee mit guten Freunden, zum Dessert, zum Kindergeburtstag, mit Überraschungsgästen oder ganz einfach nur für sich und Ihre Familie an einem gemütlichen Nachmittag.

Grundrezept Muffins mit Alkohol

Für den Teig

- **1 3/4–2 Tassen (250 g) Weißmehl**
- **2 1/2 TL Backpulver**
- **1/2 TL Natron**
- **1–2 TL Gewürze aller Art (z. B. Vanille, Zimt, geriebene Zitronen- oder Orangenschale, Ingwer oder viele andere mehr)**
- **1/2–3/4 Tasse (50–100 g) gehackte Haselnüsse, Walnüsse, Mandeln, Rosinen, Trockenfrüchte, Schokostückchen, Kokosflocken oder ähnliche Zutaten, die Fülle und Geschmack geben**
- **1 Ei**
- **3/4 Tasse (140 g) brauner oder weißer Zucker**
- **1/3 Tasse (80 ml) Pflanzenöl oder 1/2 Tasse (125 g) weiche Butter oder Margarine als Backfett**
- **1/2 Tasse (125 g) Buttermilch, Milch, Jogurt oder saure Sahne**
- **1/2 Tasse (125 ml) Alkohol (Wein oder Spirituosen, Ihre Lieblingssorte!)**
- **1 Tasse (250 g) Obst aller Art (das Obst passt natürlich nicht zu allen Rezepten, gehört aber zu fruchtigen Schnäpsen)**

1 Den Backofen auf 190 °C (Umluft 170 °C) vorheizen.

2 Die Muffinsblechvertiefungen einfetten oder mit Papierbackförmchen auskleiden, die Sie im Haushaltsgeschäft bekommen können.

3 In einer mittelgroßen Schüssel die trockenen Zutaten, d. h. Mehl, Backpulver, Natron, die Gewürze, Nüsse, Mandeln, Kokosflocken oder Schokolade und sonstige trockene Zutaten, sorgfältig vermischen.

▶ **Tipp:** Muffins mit Schwips sind eine wunderbare Sache, aber denken Sie daran, dass manch einer Ihrer Gäste vielleicht keinen Alkohol zu sich nehmen will oder darf. Das gilt natürlich vor allem für Kinder. Wenn Sie auf den besonderen Geschmack der Spirituosen nicht verzichten wollen, aber den Alkohol vermeiden möchten, können Sie auf die zahlreichen Sirupe mit Alkoholgeschmack ausweichen, die es inzwischen im Handel gibt. Viel Spaß!

4 In einer weiteren großen Rührschüssel das Ei aufschlagen und ein wenig verquirlen.

5 Dann Zucker, Öl oder Butter, die Milchprodukte, den Alkohol und nach Belieben das Obst hinzugeben und nur ganz kurz verrühren.

6 Zuletzt die trockenen Zutaten hinzufügen und sehr vorsichtig unterheben. Auf jeden Fall nur so lange rühren, bis die trockenen Zutaten feucht geworden sind.

7 Den Teig gleichmäßig in die Muffinsblechvertiefungen einfüllen und ein wenig glatt streichen. Bei 180 °C (Umluft 160 °C) auf der mittleren Schiebeleiste des Backofens 20 bis 25 Minuten backen, dabei den Backvorgang gut beobachten (Nicht jeder Backofen ist gleich!).

8 Die Muffins aus dem Ofen nehmen und im Backblech noch etwa 5 bis 10 Minuten ruhen lassen. Dann aus den Förmchen nehmen und nach Belieben noch warm servieren.

Amaretto-Amarettini-Muffins

Für den Teig

- 1 Tasse (60 g) Amarettini-Kekse
- 1 3/4–2 Tassen (250 g) Weißmehl
- 1/4 Pck. (50 g) Marzipan-Rohmasse, in kleine Stückchen geschnitten
- 2 1/2 TL Backpulver
- 1/2 TL Natron
- 1 Ei
- 1/3 Tasse (60 g) brauner oder weißer Zucker
- 1/3 Tasse (80 ml) Pflanzenöl oder 1/2 Tasse (125 g) weiche Butter
- 3/4–1 Tasse (150–200 g) Buttermilch
- 1/2 Tasse (125 ml) Amarettolikör

Zum Tränken

- 4 EL Amarettolikör

Für die Glasur

- 1 3/4 Tassen (140 g) Puderzucker
- 2–3 EL Amarettolikör

Zum Bestreuen (wahlweise)

- 1/3 Tasse (40 g) Mandelblättchen

1 Den Backofen auf 190 °C (Umluft 170 °C) vorheizen. Die Muffinsblechvertiefungen einfetten oder Papierbackförmchen hineinsetzen.

2 Die Amarettini-Kekse in einen Gefrierbeutel geben, diesen verschließen und mit einem Nudelholz mehrmals darüber rollen und fein zerbröseln. In einer mittelgroßen Schüssel das Mehl mit den Kekskrümeln, den Marzipanstückchen, dem Backpulver und dem Natron sorgfältig vermischen.

3 In einer weiteren großen Schüssel das Ei leicht verquirlen. Den Zucker, das Öl oder die Butter, die Buttermilch und den Likör dazugeben und gut verrühren. Die Mehlmischung zum Eigemisch geben und nur so lange rühren, bis die trockenen Zutaten feucht sind.

4 Den Teig in die Muffinsblechvertiefungen einfüllen. Bei 180 °C (Umluft 160°) auf mittlerer Schiebeleiste 20 bis 25 Minuten backen.
Die Muffins im Backblech 5 bis 10 Minuten ruhen lassen, dann aus den Förmchen nehmen und auf einem Kuchengitter abkühlen lassen.

5 Den Puderzucker mit dem Likör zu einem glatten Guss verrühren. Die Muffins mit einem Zahnstocher anpieken und mit jeweils 1 Teelöffel Amarettolikör beträufeln. Die Muffins in die Glasur eintauchen, leicht antrocknen lassen und nach Belieben mit den Mandelblättchen bestreuen.

► **Tipp:** Viele Alkoholika haben einen essbaren »Partner«, so zum Beispiel der Amaretto, der so wunderbar nach Marzipan schmeckt und entsprechend gut mit Marzipan und den würzigen Amarettini-Keksen harmoniert. Wenn Sie den entsprechenden Alkohol bei der Muffinsbäckerei einsetzen, lohnt es sich immer, den Keks oder die Süßigkeit mit dem Alkohol zu kombinieren. So kommen Sie zu besonders harmonischen Muffinskreationen.

Aprikosenlikör-Muffins

Für den Teig und die Verzierung
- **1 1/2 Tassen (360 g) Aprikosenhälften (frisch oder ebenso gut aus der Dose)**

Für den Teig
- **1 3/4 Tassen (230 g) Weißmehl**
- **2 1/2 TL Backpulver**
- **1/2 TL Natron**
- **1/2 Tasse (60 g) gehackte Pistazien**
- **1 Ei**
- **2/3 Tasse (120 g) brauner oder weißer Zucker**
- **1/3 Tasse (80 ml) Pflanzenöl oder 1/2 Tasse (125 g) weiche Butter oder Margarine**
- **1/3–1/2 Tasse (ca. 100 g) Jogurt oder saure Sahne (Schmant)**
- **1/2 Tasse (125 ml) Aprikosenlikör**

Für den Guss und zum Bestreuen
- **1 3/4 Tassen (140) g Puderzucker**
- **2–3 EL Aprikosenlikör**
- **3–4 EL gehackte Pistazien**

1 Den Backofen auf 190 °C (Umluft 170 °C) vorheizen.

▶ **Tipp:** Anstelle der Pistazien können Sie auch dieselbe Menge Kokosraspel verwenden. Fügen Sie dem Teig dann noch 1/4 Tasse (65 Gramm) Jogurt oder saure Sahne hinzu. Wenn Sie diese Muffins für Kinder backen, ersetzen Sie den Aprikosenlikör durch Aprikosensaft.

2 Die Muffinsblechvertiefungen einfetten oder mit Papierbackförmchen auskleiden, die Sie im Haushaltsgeschäft bekommen können.

3 12 kleine Aprikosenhälften für die Vierzierung beiseite legen. Die restlichen Aprikosen in kleine Stücke schneiden.

4 In einer mittelgroßen Schüssel die trockenen Zutaten, d.h. Mehl, Backpulver, Natron und die gehackten Pistazien, sorgfältig miteinander vermischen.

5 In einer weiteren großen Rührschüssel das Ei aufschlagen und ein wenig verquirlen. Dann Zucker, Öl oder Butter, Jogurt oder saure Sahne, den Likör und die restlichen Aprikosenstückchen hinzugeben und ganz kurz verrühren. Zuletzt die trockenen Zutaten hinzufügen und sehr vorsichtig unterheben. Nur so lange rühren, bis die trockenen Zutaten feucht geworden sind.

6 Den Teig in die Muffinsblechvertiefungen einfüllen und ein wenig glatt streichen. Bei 180 °C (Umluft 160 °C) auf der mittleren Schiebeleiste des Backofens 20 bis 25 Minuten backen.

7 Die Muffins aus dem Ofen nehmen und im Backblech noch 5 bis 10 Minuten ruhen lassen, dann aus den Förmchen nehmen und auf einem Kuchengitter vollständig auskühlen lassen.

8 Für die Glasur den Puderzucker mit dem Likör glatt rühren. Die obere Fläche der Muffins darin eintauchen und leicht antrocknen lassen. Je 1 Aprikosenhälfte auf die glasierten Muffins legen und mit den gehackten Pistazien bestreuen.

Baileys-Schoko-Muffins

Für die Füllung
- ▷ 1/2 Tasse (150 g) Frischkäse
- ▷ 1 Pck. Vanillezucker

Für den Teig
- ▷ 1 3/4–2 Tassen (250 g) Weißmehl
- ▷ 2 1/2 TL Backpulver
- ▷ 1/2 TL Natron
- ▷ 1/2 Tasse (60 g) gehackte Schokostückchen oder Raspelschokolade
- ▷ 2 EL Kakao
- ▷ 1 Ei
- ▷ 1/2 Tasse (90 g) brauner oder weißer Zucker
- ▷ 1/3 Tasse (80 ml) Pflanzenöl oder 1/2 Tasse (125 g) weiche Butter
- ▷ 3/4–1 Tasse (200 g) saure Sahne
- ▷ 1/2–3/4 Tasse (125–150 ml) Baileys (Schokolikör)

Für den Belag
- ▷ 1/2 Tasse (150 g) Frischkäse
- ▷ 1 Tasse (140 g) Vollmilchschoko-Kuvertüre
- ▷ 3 EL Milch
- ▷ 12 Mokkabohnen oder Raspelschokolade

1 Den Backofen auf 190 °C (Umluft 170 °C) vorheizen. Die Muffinsblechvertiefungen einfetten oder Papierbackförmchen hineinsetzen.

2 In einer kleinen Schüssel den Frischkäse mit dem Vanillezucker verrühren.

3 In einer mittelgroßen Schüssel die trockenen Zutaten, d.h. Mehl, Backpulver, Natron, die Schokostückchen und den Kakao, sorgfältig vermischen.

4 In einer weiteren großen Schüssel das Ei aufschlagen und leicht verquirlen. Dann Zucker, Öl oder Butter, die saure Sahne und den Schokolikör hinzugeben und kurz verrühren. Zuletzt die trockenen Zutaten hinzufügen und vorsichtig unterheben. Nur so lange rühren, bis die trockenen Zutaten feucht sind.

5 Die Hälfte des Teigs in die Muffinsblechvertiefungen einfüllen. Dann jeweils 1 Teelöffel der Frischkäsemasse auf den Teig geben und mit dem restlichen Teig auffüllen. Bei 180 °C (Umluft 160 °C) auf mittlerer Schiebeleiste 20 bis 25 Minuten backen. Die Muffins im Backblech 5 bis 10 Minuten ruhen lassen, dann aus den Förmchen nehmen und abkühlen lassen.

6 Für die Glasur die Kuvertüre im heißen Wasserbad schmelzen und leicht abkühlen lassen. Den Frischkäse mit der Milch glatt rühren und zur Schokolade hinzufügen. Die Muffins gleichmäßig damit bestreichen und nach Belieben mit 12 Mokka-Schokobohnen verzieren oder mit Raspelschokolade bestreuen.

▶ **Tipp:** Anstelle der Schoko-Frischkäse-Creme können Sie auch eine Tasse (150 Gramm) weiße Schokokuvertüre als Glasur verwenden.

Bananen-Zitronenmix-Rum-Muffins

Für den Teig

- **1 Tasse (120 g) Vollkornmehl**
- **1 Tasse (140 g) Weißmehl**
- **2 1/2 TL Backpulver**
- **1/2 TL Natron**
- **1/2 TL Zimt**
- **1/2 Tasse (60 g) gehackte Pekan- oder Walnüsse**
- **1 Ei**
- **3/4 Tasse (140 g) brauner oder weißer Zucker**
- **1/3 Tasse (80 ml) Pflanzenöl oder 1/2 Tasse (125 g) weiche Butter oder Margarine**
- **1/4 Tasse (60 ml) Rum**
- **2 EL Zitronensaft**
- **1/4–1/2 Tasse (100 g) Natur- oder Zitronenjogurt**
- **1 Tasse (250 g) zerdrückte, reife Bananen (3 mittelgroße)**

1 Den Backofen auf 190 °C (Umluft 170 °C) vorheizen.

2 Die Muffinsblechvertiefungen einfetten oder mit Papierbackförmchen auskleiden, die Sie im Haushaltsgeschäft bekommen können.

3 In einer mittelgroßen Schüssel die trockenen Zutaten, d.h. Mehl, Backpulver, Natron, Zimt und die gehackten Pekan- oder Walnüsse, gründlich und sorgfältig vermischen.

4 In einer weiteren großen Schüssel das Ei aufschlagen und ein wenig verquirlen. Dann Zucker, Öl, Butter oder Margarine, Rum, den Zitronensaft, den Jogurt und die Bananen hinzufügen und sehr gründlich verrühren.

5 Zuletzt die trockenen Zutaten beifügen und vorsichtig unterheben. Dabei nur so lange rühren, bis die trockenen Zutaten feucht geworden sind.

6 Den Teig in die Vertiefungen des Muffinsblechs einfüllen.

7 Bei 180 °C (Umluft 160 °C) auf der mittleren Schiebeleiste des Backofens 20 bis 25 Minuten backen.

8 Die Muffins im Backblech noch 5 bis 10 Minuten ruhen lassen, dann aus den Förmchen nehmen und nach Belieben noch warm servieren.

▶ **Tipp:** Anstelle der Nüsse können Sie auch dieselbe Menge Pistazien oder Mandeln verwenden. Die Süße der Bananen und die erfrischende Säure der Zitronen harmoniert in jedem Fall gut mit dem nussigen Geschmack.

Wenn Sie diese Muffins für Kinder backen, ersetzen Sie den Rum durch Bananensaft.

Da diese Muffins warm am besten schmecken, können Sie nicht glasiert werden. Bestreuen Sie sie vor dem Servieren einfach mit etwas Puderzucker.

Batida de Coco-Mango-Muffins

Für den Teig und die Verzierung

- **1 Tasse (80 g) Kokosraspel**
- **1 Tasse (250 g) Mangos (1 mittelgroße frische Mango oder auch ebenso gut Mango aus der Dose)**

Für den Teig

- **1 3/4 Tassen (230 g) Weißmehl**
- **2 1/2 TL Backpulver**
- **1/2 TL Natron**
- **1 Ei**
- **3/4 Tasse (140 g) brauner oder weißer Zucker**
- **1/3 Tasse (80 ml) Pflanzenöl oder 1/2 Tasse (125 g) weiche Butter oder Margarine**
- **1/2–3/4 Tasse (ca. 150 g) Jogurt**
- **1/2 Tasse (125 ml) Batida de Coco (Kokoslikör)**

Für den Guss

- **1 3/4 Tassen (140 g) Puderzucker**
- **2–3 EL Batida de Coco (Kokoslikör)**

1 Den Backofen auf 190 °C (Umluft 170 °C) vorheizen.

2 Die Muffinsblechvertiefungen einfetten oder mit Papierbackförmchen auskleiden, die Sie im Haushaltsgeschäft bekommen.

3 Die Kokosraspel in einer trockenen Pfanne so lange rösten, bis sie anfangen zu duften. 3 Esslöffel für die Verzierung abnehmen. Die Mango zuerst in Scheiben, dann in Stücke schneiden. Davon 12 Stückchen nach Belieben für die Verzierung beiseite legen.

4 In einer mittelgroßen Schüssel die trockenen Zutaten, d.h. das Mehl, Backpulver, das Natron und Kokosraspel, sorgfältig vermischen.

5 In einer weiteren großen Schüssel das Ei aufschlagen und kurz verquirlen. Dann Zucker, Öl oder Butter, Jogurt, den Kokoslikör und die Mangostückchen hinzugeben und kurz verrühren. Die trockenen Zutaten hinzufügen und unterheben. Nur so lange rühren, bis die trockenen Zutaten feucht sind.

6 Den Teig in die Muffinsblechvertiefungen einfüllen. Bei 180 °C (Umluft 160 °C) auf mittlerer Schiebeleiste 20 bis 25 Minuten backen. Die Muffins im Backblech 5 bis 10 Minuten ruhen lassen, dann aus den Förmchen nehmen und abkühlen lassen.

7 Für den Guss den Puderzucker mit dem Kokoslikör glatt rühren. Die Muffins einzeln darin eintauchen, leicht abtropfen und mit den restlichen Kokosraspeln bestreuen. Nach Belieben mit den restlichen Mangos verzieren.

▶ **Tipp:** Wenn Kinder mitessen, sollten Sie den Kokoslikör z. B. durch Kokosmilch ersetzen. Dazu 2–3 EL Kokosraspel mit 125 ml Wasser im Mixer pürieren.

Anstelle der Mangos können Sie auch andere tropische Obstsorten wie z. B. Kiwis oder einheimische Obstsorten wie z. B. Pfirsiche verwenden.

Gut schmecken diese Muffins auch, wenn Sie den Likör durch weißen Rum ersetzen.

Birne-Helene-Muffins

Für den Teig

- **1 3/4–2 Tassen (250 g) Weißmehl**
- **2 1/2 TL Backpulver**
- **1/2 TL Natron**
- **2 EL Kakaopulver**
- **3/4 Tasse (90 g) gehackte Mandeln oder Mandelblättchen**
- **1 Ei**
- **3/4 Tasse (140 g) brauner oder weißer Zucker**
- **1/3 Tasse (80 ml) Pflanzenöl oder 1/2 Tasse (125 g) weiche Butter oder Margarine**
- **3/4–1 Tasse (ca. 225 g) Buttermilch oder Milch**
- **1 Tasse (240 g) Birnenstückchen (aus der Dose)**

Zum Tränken

- **3–4 EL Birnengeist (z. B. Williams-Christ-Birne)**

Für die Glasur und zum Bestreuen

- **1 Tasse (140 g) Zartbitterkuvertüre, in Stücke gehackt**
- **3–4 EL Mandelblättchen**

1 Den Backofen auf 190 °C (Umluft 170 °C) vorheizen.

2 Die Muffinsblechvertiefungen einfetten oder mit Papierbackförmchen auskleiden, die Sie im Haushaltsgeschäft bekommen können.

3 In einer mittelgroßen Schüssel die trockenen Zutaten, d. h. Mehl, Backpulver, Natron, den Kakao und die gehackten Mandeln, sorgfältig miteinander vermischen.

4 In einer weiteren großen Schüssel das Ei aufschlagen und ein wenig verquirlen. Dann Zucker, Öl oder Butter, die Buttermilch oder die Milch und die Birnenstückchen hinzugeben und ganz kurz verrühren.

5 Zuletzt die trockenen Zutaten hinzufügen und ganz vorsichtig unterheben. Dabei unbedingt nur so lange rühren, bis die trockenen Zutaten feucht geworden sind.

6 Den Teig in die Vertiefungen des Muffinsblechs einfüllen. Bei 180 °C (Umluft 160 °C) auf der mittleren Schiebeleiste des Backofens 20 bis 25 Minuten backen.

7 Die Muffins im Backblech 5 bis 10 Minuten ruhen lassen, dann aus den Förmchen nehmen und auf einem Kuchengitter leicht abkühlen lassen. Die lauwarmen Muffins mit je 1 Teelöffel Birnengeist tränken.

8 Für die Glasur die Zartbitterkuvertüre nach der Packungsanweisung über einem heißen Wasserbad schmelzen. Die Muffins mit der oberen Seite in die geschmolzene Kuvertüre eintauchen, dann abtropfen lassen, nur ganz leicht antrocknen lassen und mit den Mandelblättchen bestreuen, solange die Oberfläche noch ein wenig feucht ist (so haften die Mandelblättchen besser).

Calvados-Apfel-Muffins

Für den Teig und Belag
- **3/4 Tasse (90 g) Pinienkerne**
- **6 sehr kleine Äpfel oder 2–3 mittelgroße Äpfel**

Für den Teig
- **1 3/4 Tassen (230 g) Weißmehl**
- **2 1/2 TL Backpulver**
- **1/2 TL Natron**
- **1 TL Zimt**
- **2 Msp. Nelken**
- **2 Msp. Muskat**
- **1 Ei**
- **3/4 Tasse (140 g) brauner oder weißer Zucker**
- **1/3 Tasse (80 ml) Pflanzenöl oder 1/2 Tasse (125 g) weiche Butter oder Margarine**
- **2/3 Tasse (165 g) Jogurt oder saure Sahne**
- **1/4 Tasse (60 g) Rumrosinen (wahlweise)**
- **1/4 Tasse (60 ml) Calvados (Apfelbrand) oder 3 Fläschchen (à 20 ml) Apfellikör**

Zum Bestreuen
- **1/2 TL Zimt**
- **4 EL Zucker**

1 Den Backofen auf 190 °C (Umluft 170 °C) vorheizen.

2 Die Muffinsblechvertiefungen einfetten oder mit Papierbackförmchen auskleiden, die Sie im Haushaltsgeschäft bekommen können.

3 In einer trockenen Pfanne die Pinienkerne kurz rösten. 3 bis 4 Esslöffel für den Belag abnehmen und grob hacken. Die Äpfel schälen und halbieren. Mit einem scharfen Messer in jede Apfelhälfte von oben eine Ritze hineinschneiden. Bei größeren Äpfeln diese zuerst aushöhlen, dann 12 Apfelringe schneiden. Die restlichen Äpfel klein schneiden.

4 In einer mittelgroßen Schüssel die trockenen Zutaten, d.h. Mehl, Backpulver, Natron, Gewürze, die Pinienkerne und die Apfelstückchen, sorgfältig miteinander vermischen.

6 In einer weiteren großen Schüssel das Ei aufschlagen und ein wenig verquirlen. Dann Zucker, Öl, Butter oder Margarine, den Jogurt oder die saure Sahne, wahlweise die Rumrosinen und den Calvados hinzugeben und ganz kurz verrühren.

7 Zuletzt die trockenen Zutaten hinzufügen und sehr vorsichtig unterheben. Dabei nur so lange rühren, bis die trockenen Zutaten feucht geworden sind. Den Teig auf keine Fall zu lange rühren!

8 Den Teig in die Muffinsblechvertiefungen einfüllen. Dann jeweils eine kleine Apfelhälfte oder einen Apfelring auf den Teig legen. Für den Belag Zimt, Zucker und die restlichen Pinienkerne vermischen und auf die Apfelstücke streuen.

9 Bei 180 °C (Umluft 160 °C) auf der mittleren Schiebeleiste des Backofens 20 bis 25 Minuten backen. Die Muffins im Backblech noch 5 bis 10 Minuten ruhen lassen, dann aus den Förmchen nehmen und nach Belieben noch warm servieren!

Eierlikör-Muffins

Für den Teig

- ▷ **1 3/4 Tassen (230 g) Weißmehl**
- ▷ **1 Pck. (40 g) Vanillepuddingpulver**
- ▷ **2 1/2 TL Backpulver**
- ▷ **1/2 TL Natron**
- ▷ **1/2 Tasse (60 g) Raspelschokolade**
- ▷ **1 Ei**
- ▷ **2/3 Tasse (120 g) brauner oder weißer Zucker**
- ▷ **1/3 Tasse (80 ml) Pflanzenöl oder 1/2 Tasse (125 g) weiche Butter oder Margarine**
- ▷ **3/4 Tasse (185–200 g) saure Sahne oder Jogurt**
- ▷ **1/2 Tasse (125 ml) Eierlikör**

Für die Verzierung und zum Bestreuen

- ▷ **1 Becher (200 ml) Schlagsahne**
- ▷ **1 Pck. Vanillezucker (wahlweise)**
- ▷ **12 EL Eierlikör**
- ▷ **Raspelschokolade**

1 Den Backofen auf 190 °C (Umluft 170 °C) vorheizen.

2 Die Muffinsblechvertiefungen einfetten oder mit Papierbackförmchen auskleiden, die Sie im Haushaltsgeschäft bekommen können.

3 In einer mittelgroßen Schüssel die trockenen Zutaten, d.h. Mehl, Puddingpulver, Backpulver, das Natron und die Schokoraspel, sorgfältig vermischen.

4 In einer weiteren großen Rührschüssel das Ei aufschlagen und ein wenig verquirlen. Dann Zucker, Öl oder Butter, saure Sahne oder Jogurt und den Eierlikör hinzugeben und ganz kurz verrühren.

5 Zuletzt die trockenen Zutaten hinzufügen und sehr vorsichtig unterheben. Nur so lange rühren, bis die trockenen Zutaten feucht geworden sind.

6 Den Teig in die Muffinsblechvertiefungen einfüllen. Bei 180 °C (Umluft 160 °C) auf der mittleren Schiebeleiste des Backofens 20 bis 25 Minuten backen.

7 Die Muffins im Backblech noch 5 bis 10 Minuten ruhen lassen, dann aus den Förmchen nehmen und umgedreht (!) auf einem Kuchengitter vollständig abkühlen lassen.

8 Die Sahne steif schlagen und nach Belieben den Vanillezucker unterrühren. Nun einen Teil der Sahne gleichmäßig auf die Muffins streichen. Den Rest in einen Spritzbeutel füllen und Sahnetupfen an die Ränder setzen. Den Eierlikör vorsichtig in die Mitte der Sahnetupfen geben und mit Raspelschokolade bestreuen.

▶ **Tipp:** Bei dem Foto wurden rechteckige Muffinsbackformen verwendet. Sie können genauso gut die Standard-Muffinsbleche verwenden mit 12 runden Einbuchtungen. Weitere Hinweise zu den Blechen finden Sie im Einleitungskapitel.

Wenn Sie den Geschmack des Eierlikörs noch intensivieren wollen, können Sie die saure Sahne bzw. den Jogurt ganz oder zum Teil durch Eierlikör ersetzen. Gut schmeckt auch noch ein kleiner Schuss Rum im Teig.

Feigen-Wodka-Muffins

Für die Füllung

- **3/4 Tasse (100 g) Feigen, in kleine Stückchen geschnitten**
- **2 EL flüssiger Honig**
- **1/2 TL Zimt**
- **2 kleine Fläschchen (40 ml) Wodka Feige (z. B. »Kleiner Feigling«**

Für den Teig

- **1 3/4 Tassen (230 g) Weißmehl**
- **2 1/2 TL Backpulver**
- **1/2 TL Natron**
- **1/2 TL Zimt**
- **2/3 Tasse (80 g) gehackte Haselnüsse**
- **1 Ei**
- **1/3–1/2 Tasse (150 g) flüssiger Honig**
- **1/3 Tasse (80 ml) Pflanzenöl oder 1/2 Tasse (125 g) weiche Butter oder Margarine**
- **3/4–1 Tasse (ca. 225 g) Buttermilch oder Jogurt (Natur- oder Feigenjogurt)**

Zum Bestreuen

- **1 TL Zimt**
- **3 EL Zucker**
- **3–4 EL gehackte Haselnüsse**

1 Den Backofen auf 190 °C (Umluft 170 °C) vorheizen.

2 Die Muffinsblechvertiefungen einfetten oder Papierbackförmchen hineinsetzen.

3 Für die Füllung die Feigen mit heißem Wasser übergießen, kurz ziehen lassen, dann das Wasser abgießen. In einem kleinen Kochtopf die Feigen mit dem Honig, dem Zimt und dem Wodka kurz aufkochen und zu einer homogenen Masse verrühren; abkühlen lassen.

4 In einer mittelgroßen Schüssel die trockenen Zutaten, d.h. Mehl, Backpulver, Natron, das Zimt und die Nüsse sorgfältig vermischen.

5 In einer weiteren großen Schüssel das Ei aufschlagen und leicht verquirlen. Dann Honig, Öl oder Butter und Jogurt oder Buttermilch hinzugeben und kurz verrühren. Zuletzt die trockenen Zutaten hinzufügen und vorsichtig unterheben. Nur so lange rühren, bis die trockenen Zutaten feucht sind.

6 Die Hälfte des Teigs in die Muffinsblechvertiefungen einfüllen. Dann jeweils 1–2 Teelöffel der Feigenfüllung auf den Teig geben und mit dem restlichen Teig auffüllen. Zimt, Zucker und die restlichen Nüsse mischen und auf die Muffins streuen. Bei 180 °C (Umluft 160 °C) auf mittlerer Schiebeleiste 20 bis 25 Minuten backen. Die Muffins im Backblech 5 bis 10 Minuten ruhen lassen, dann aus den Förmchen nehmen und noch warm servieren!

Glühwein-Muffins

Für den Teig

- **2 Tassen (280 g) Weißmehl**
- **2 1/2 TL Backpulver**
- **1/2 TL Natron**
- **1/2 Tasse (60 g) gehackte Mandeln oder Haselnüsse**
- **1 TL gemahlener Zimt**
- **1/4 TL gemahlene Nelken**
- **Abgeriebene Schale 1 Orange**
- **Abgeriebene Schale 1 Zitrone**
- **1 Ei**
- **3/4 Tasse (140 g) brauner oder weißer Zucker**
- **1/3 Tasse (80 ml) Pflanzenöl oder 1/2 Tasse (125 g) weiche Butter oder Margarine**
- **1/2–3/4 Tasse (150 g) saure Sahne**
- **1/2 Tasse (125 ml) Rotwein oder roter Traubensaft**
- **Ausgepresster Saft 1 Orange (1/3 Tasse, 80 ml)**
- **1 EL Zitronensaft**

▶ **Tipp:** Nach Belieben können Sie dem Teig noch 2 Esslöffel Kakaopulver hinzufügen und die Mandeln oder Nüsse mit einer halben Tasse (70 Gramm) gehackte Schokostückchen ersetzen!

Für den Guss und Belag

- **1 1/2 Tassen (120 g) Puderzucker**
- **2 EL Rotwein oder roter Traubensaft**
- **Orangenschalenstreifchen (wahlweise)**

1 Den Backofen auf 190 °C (Umluft 170 °C) vorheizen. Die Muffinsblechvertiefungen einfetten oder Papierbackförmchen hineinsetzen, die Sie im Haushaltsgeschäft bekommen können.

2 In einer mittelgroßen Schüssel die trockenen Zutaten, d.h. Mehl, Backpulver, Natron, Mandeln oder Nüsse, Zimt, die Nelken und die Orangen- und Zitronenschale, sorgfältig miteinander vermischen.

3 In einer weiteren großen Schüssel das Ei aufschlagen und leicht verquirlen. Dann Zucker, Öl oder Butter, saure Sahne, Rotwein oder Traubensaft, den Orangen- und Zitronensaft hinzugeben und kurz verrühren. Zuletzt die trockenen Zutaten hinzufügen und vorsichtig unterheben. Nur so lange rühren, bis die trockenen Zutaten feucht sind.

4 Den Teig in die Muffinsblechvertiefungen einfüllen. Bei 180 °C (Umluft 160 °C) auf mittlerer Schiebeleiste 20 bis 25 Minuten backen. Die Muffins im Backblech noch 5 bis 10 Minuten ruhen lassen, dann aus den Förmchen nehmen und auf einem Kuchengitter vollständig abkühlen lassen.

5 Für die Glasur den Puderzucker mit dem Rotwein zu einer glatten Creme verrühren. Die Muffins darin eintauchen, leicht antrocknen lassen und wahlweise mit den Orangenschalenstreifen verzieren.

Grand Marnier-Orangen-Muffins

Für den Teig
- 1 3/4–2 Tassen (250 g) Weißmehl
- 2 1/2 TL Backpulver
- 1/2 TL Natron
- 1/2 Tasse (70 g) geriebene Zartbitterschokolade oder Raspelschokolade
- Abgeriebene Schale 1/2 Orange
- 1 Ei
- 2/3 Tasse (120 g) brauner oder weißer Zucker
- 1/3 Tasse (80 ml) Pflanzenöl oder 1/2 Tasse (125 g) weiche Butter oder Margarine
- Klein geschnittenes Fruchtfleisch 1 Orange (ca. 40 g)
- 1/2 Tasse (125 ml) Grand Marnier
- 1/2–3/4 Tasse (150–200 g) Jogurt

Für die Glasur
- 1 3/4 Tassen (140 g) Puderzucker
- 2 EL Grand Marnier
- 1 EL Orangensaft

Zum Verzieren (wahlweise)
- Orangenstreifchen

1 Den Backofen auf 190 °C (Umluft 170 °C) vorheizen. Die Muffinsblechvertiefungen einfetten oder Papierbackförmchen hineinsetzen.

2 In einer mittelgroßen Schüssel die trockenen Zutaten, d.h. Mehl, Backpulver, Natron, die Schokolade und die Orangenschale, vermischen.

3 In einer weiteren großen Schüssel das Ei verquirlen. Dann Zucker, Öl oder Butter, Orange, Grand Marnier und Buttermilch dazugeben und verrühren. Die Mehlmischung zum Eigemisch geben und so lange rühren, bis die trockenen Zutaten feucht sind.

4 Den Teig in die Muffinsblechvertiefungen einfüllen. Bei 180 °C (Umluft 160 °C) auf mittlerer Schiebeleiste 20 bis 25 Minuten backen. Die Muffins 5 bis 10 Minuten ruhen lassen, dann aus den Förmchen nehmen und abkühlen lassen.

5 Den Puderzucker mit dem Grand Marnier und dem Orangensaft zu einem glatten Guss verrühren. Die Muffins in die Glasur eintauchen, abtropfen lassen und mit den Orangenschalenstreifchen bestreuen.

▶ **Tipp:** Orangenlikör können Sie auch selbst herstellen. Der geheimnisvolle Orangengeist entsteht, wenn Sie einen halben Liter reinen Alkohol (95 %) in ein Einmachglas geben und eine unbehandelte Orange mit Hilfe von zwei Bindfäden so darüber hängen, dass die Orange die Flüssigkeit gerade eben nicht berührt. Nach zwei Wochen ist das Orangenaroma in den Alkohol übergegangen. Dann wird er mit Zuckerwasser gesüßt und kann in Fläschchen abgefüllt werden.

Heidelbeerwein-Muffins

Für den Teig

- **1 Tasse (200 g) Heidelbeeren (frisch oder aus der Dose oder dem Glas)**
- **1 3/4 Tassen (230 g) Weißmehl**
- **2 1/2 TL Backpulver**
- **1/2 TL Natron**
- **Abgeriebene Schale 1/2 Zitrone**
- **1 Ei**
- **3/4 Tasse (140 g) brauner oder weißer Zucker**
- **1/3 Tasse (80 ml) Pflanzenöl oder 1/2 Tasse (125 g) weiche Butter oder Margarine**
- **3/4–1 Tasse (225 g) Jogurt oder Buttermilch**
- **1 EL Zitronensaft**

Zum Tränken

- **12 TL Heidelbeerwein**

1 Den Backofen auf 190 °C (Umluft 170 °C) vorheizen.

2 Die Muffinsblechvertiefungen einfetten oder mit Papierbackförmchen auskleiden, die Sie im Haushaltsgeschäft bekommen können.

3 Frische Heidelbeeren waschen. Heidelbeeren aus dem Glas gut abtropfen.

4 In einer mittelgroßen Schüssel die trockenen Zutaten, d.h. Mehl, Backpulver, das Natron und die Zitronenschale, sorgfältig vermischen.

5 In einer weiteren großen Schüssel das Ei aufschlagen und leicht verquirlen. Dann Zucker, Öl oder Butter und den Jogurt oder die Buttermilch hinzugeben und kurz verrühren.

6 Zuletzt die trockenen Zutaten hinzufügen und sehr vorsichtig unterheben. Auf jeden Fall nur so lange rühren, bis die trockenen Zutaten feucht geworden sind. Dann die Heidelbeeren vorsichtig unterheben.

7 Den Teig in die Muffinsblechvertiefungen einfüllen. Bei 180 °C (Umluft 160 °C) auf der mittleren Schiebeleiste des Backofens 20 bis 25 Minuten backen.

8 Die Muffins im Backblech noch 5 bis 10 Minuten ruhen lassen, dann aus den Förmchen nehmen und auf einem Kuchengitter vollständig abkühlen lassen. Mit je 1 Teelöffel des Heidelbeerweins tränken.

▶ **Tipp:** Wenn Kinder mitessen, können Sie den Wein auch durch roten Traubensaft oder aufgefangenen Heidelbeersaft ersetzen.

Mon Chérie-Muffins

Für den Teig

- **1 3/4–2 Tassen (250 g) Weißmehl**
- **2 1/2 TL Backpulver**
- **1/2 TL Natron**
- **1/2 Tasse (60 g) gehackte Mandeln**
- **1 Ei**
- **3/4 Tasse (140 g) brauner oder weißer Zucker**
- **1/3 Tasse (80 ml) Pflanzenöl oder 1/2 Tasse (125 g) weiche Butter oder Margarine**
- **1/2 Tasse (125 g) Buttermilch oder Jogurt**
- **1/2–3/4 Tasse (150 ml) Cherry Brandy oder Kirschlikör**
- **1 Tasse (150 g) Kirschen (z. B. Sauerkirschen oder Schattenmorellen)**

Für die Füllung und die Verzierung

- **24 Mon Chéries (Schoko-Kirsch-Pralinen)**

Für den Guss

- **1 3/4 Tassen (140 g) Puderzucker**
- **2–3 EL Sherry oder Kirschlikör**

1 Den Backofen auf 190 °C (Umluft 170 °C) vorheizen.

2 Die Muffinsblechvertiefungen einfetten oder mit Papierbackförmchen auskleiden, die Sie im Haushaltsgeschäft bekommen können.

3 In einer mittelgroßen Schüssel die trockenen Zutaten, d. h. Mehl, Backpulver, das Natron und die Mandeln, gründlich und sorgfältig vermischen.

4 In einer weiteren großen Schüssel das Ei aufschlagen und leicht verquirlen. Dann Zucker, Öl oder Butter, die Buttermilch oder Jogurt, den Sherry oder Likör und die Kirschen hinzugeben und ganz kurz verrühren.

5 Zuletzt die trockenen Zutaten hinzufügen und sehr vorsichtig unterheben. Auf jeden Fall nur so lange rühren, bis die trockenen Zutaten feucht geworden sind.

6 Die Hälfte des Teigs in die Muffinsblechvertiefungen einfüllen. Dann jeweils 1 Mon Chérie auf den Teig geben und den restlichen Teig gleichmäßig verteilen. Bei 180 °C (Umluft 160 °C) auf mittlerer Schiebeleiste 20 bis 25 Minuten backen. Die Muffins im Backblech 5 bis 10 Minuten ruhen lassen, dann aus den Förmchen nehmen und abkühlen lassen.

7 Für den Guss den Puderzucker mit dem Sherry oder Likör glatt rühren. Die Muffins darin eintauchen, dann abtropfen und antrocknen lassen. Die restlichen Mon Chéries auf die Muffins setzen.

► **Tipp:** Wenn Sie Kirschlikör verwenden, bitte den Zucker um 2 Esslöffel reduzieren.

After Eight-Muffins

Für den Teig und die Verzierung

- **1 Pck. (200 g) After-Eight (24 Schoko-Minz-Täfelchen)**
- **2 Tassen (280 g) Weißmehl**
- **2 1/2 TL Backpulver**
- **1/2 TL Natron**
- **1 Ei**
- **2/3 Tasse (120 g) brauner oder weißer Zucker**
- **1/3 Tasse (80 ml) Pflanzenöl oder 1/2 Tasse (125 g) weiche Butter oder Margarine**
- **3/4 Tasse (185 g) Jogurt oder saure Sahne (Schmant)**
- **1/3–1/2 Tasse (100 ml) Pfefferminzlikör**

Für den Guss

- **1 3/4 Tassen (140 g) Puderzucker**
- **2–3 EL Pfefferminzlikör**

1 Den Backofen auf 190 °C (Umluft 170 °C) vorheizen.

2 Die Muffinsblechvertiefungen einfetten oder mit Papierbackförmchen auskleiden, die Sie im Haushaltsgeschäft bekommen können.

3 12 der After-Eight Täfelchen für die Verzierung beiseite legen. Die restlichen After-Eights klein schneiden.

4 In einer mittelgroßen Schüssel die trockenen Zutaten, d. h. Mehl, Backpulver, das Natron und die After-Eight-Stückchen, sorgfältig und gründlich miteinander vermischen.

5 In einer weiteren großen Schüssel das Ei aufschlagen und leicht verquirlen. Dann Zucker, Öl oder Butter, Buttermilch oder Milch und ca. 90 ml (!) des Pfefferminzlikörs hinzugeben und kurz verrühren.

6 Zuletzt die trockenen Zutaten hinzufügen und sehr vorsichtig unterheben. Auf jeden Fall nur so lange rühren, bis die trockenen Zutaten feucht geworden sind.

7 Den Teig in die Muffinsblechvertiefungen einfüllen. Bei 180 °C (Umluft 160 °C) auf der mittleren Schiebeleiste 20 bis 25 Minuten backen.

▶ **Tipp:** Diese erfrischenden Muffins sind gerade im Sommer sehr beliebt. Wenn Kinder unter den Essern sind, ersetzen Sie den Pfefferminzlikör einfach durch wenige (!) Tropfen Pfefferminzöl und 100 Gramm mehr Jogurt.
Pfefferminzöl bekommen Sie in Ihrer Apotheke.

8 Die Muffins im Backblech noch 5 bis 10 Minuten ruhen lassen, dann aus den Förmchen nehmen und auf einem Kuchengitter vollständig abkühlen lassen.

9 Für die Glasur den Puderzucker mit dem Likör glatt rühren. Die Muffins mit ihrer oberen Seite einzeln darin eintauchen und mit je einem After-Eight-Täfelchen verzieren.

Pfirsich-Melba-Muffins

Für den Teig und die Verzierung

- **1 1/2 Tassen (375 g) Pfirsichscheiben**
- **(frisch oder aus der Dose)**

Für den Teig

- **1 3/4–2 Tassen (250 g) Weißmehl**
- **2 1/2 TL Backpulver**
- **1/2 TL Natron**
- **Abgeriebene Schale 1/2 Zitrone**
- **1 Ei**
- **2/3 Tasse (120 g) brauner oder weißer Zucker**
- **1/3 Tasse (80 ml) Pflanzenöl oder 1/2 Tasse (125 g) weiche Butter oder Margarine**
- **3/4–1 Tasse (225 g) Jogurt**
- **1 EL Zitronensaft**

Für den Guss und die Verzierung

- **1 1/4 Tassen (100 g) Puderzucker**
- **2 1/2 EL Zitronensaft**
- **8 EL Himbeerkonfitüre**
- **2–3 EL Himbeergeist**

1 Den Backofen auf 190 °C (Umluft 170 °C) vorheizen.

2 Die Muffinsblechvertiefungen einfetten oder mit Papierbackförmchen auskleiden, die Sie im Haushaltsgeschäft bekommen können.

3 Frische Pfirsiche in Scheiben schneiden. Pfirsiche aus der Dose in einem Sieb gut abtropfen und in Scheiben schneiden. Die Hälfte der Scheiben für die Dekoration beiseite legen. Die restlichen Pfirsiche in Stückchen schneiden.

4 In einer mittelgroßen Schüssel die trockenen Zutaten, d.h. Mehl, Backpulver, das Natron und die Zitronenschale, vermischen.

5 In einer weiteren großen Schüssel das Ei aufschlagen und leicht verquirlen. Dann Zucker, Öl oder Butter, den Jogurt und den Zitronensaft und die restlichen Pfirsichstückchen hinzugeben und kurz verrühren. Zuletzt die trockenen Zutaten hinzufügen und unterheben. So lange rühren, bis die trockenen Zutaten feucht sind.

6 Die Hälfte des Teigs in die Muffinsblechvertiefungen einfüllen. Die Himbeermarmelade mit dem Himbeergeist verrühren. Dann jeweils 1 Teelöffel der Marmelade auf die Muffins geben und mit dem restlichen Teig auffüllen. Bei 180 °C (Umluft 160 °C) auf mittlerer Schiebeleiste 20 bis 25 Minuten backen. Die Muffins im Backblech 5 bis 10 Minuten ruhen lassen, dann aus den Förmchen nehmen und abkühlen lassen.

7 Für die Glasur den Puderzucker mit dem Zitronensaft glatt rühren. Die Muffins darin eintauchen, leicht abtropfen und antrocknen lassen. Die restlichen Pfirsichscheiben kreisförmig auf die Muffins legen. Von der restlichen Himbeermarmelade jeweils 1 Teelöffel in die Mitte geben, und fertig ist das Blumenmuster.

Schwarzwälder-Kirsch-Muffins

Für den Teig und die Verzierung

- **1 Glas (370 g) Sauerkirschen (Schattenmorellen)**

Für den Teig

- **1 3/4–2 Tassen (250 g) Weißmehl**
- **2 1/2 TL Backpulver**
- **1/2 TL Natron**
- **2 EL Kakaopulver**
- **1/2 Tasse (70 g) Schokostückchen**
- **1 Ei**
- **3/4 Tasse (140 g) brauner oder weißer Zucker**
- **1/2 Tasse (80 ml) Pflanzenöl oder 1/2 Tasse (125 g) weiche Butter oder Margarine**
- **1 Tasse (250 ml) Buttermilch**

Zum Beträufeln und Verzieren

- **12 TL Kirschwasser**
- **1 Becher (200 g) Sahne**
- **3–4 EL Schokostreusel oder Raspelschokolade**

1 Den Backofen auf 190 °C (Umluft 170 °C) vorheizen.

2 Die Muffinsblechvertiefungen einfetten oder mit Papierbackförmchen auskleiden, die Sie im Haushaltsgeschäft bekommen können.

3 Die Kirschen in einem Sieb gut abtropfen lassen. 12 schöne Kirschen für die Verzierung beiseite legen.

4 In einer mittelgroßen Schüssel die trockenen Zutaten, d.h. Mehl, Backpulver, Natron, das Kakaopulver und Schokostückchen, sorgfältig vermischen.

5 In einer weiteren, großen Schüssel das Ei aufschlagen und leicht verquirlen. Dann den Zucker, das Öl oder die Butter und die Buttermilch hinzufügen und gut verrühren. Die trockenen Zutaten beifügen und nur so lange rühren, bis sie feucht geworden sind. Zuletzt die Sauerkirschen vorsichtig unterheben.

6 Den Teig in die Muffinsblechvertiefungen einfüllen. Bei 180 °C (Umluft 160 °C) auf mittlerer Schiebeleiste 20 bis 25 Minuten backen. Die Muffins im Backblech 5 bis 10 Minuten ruhen lassen, dann aus den Förmchen nehmen.

7 Die Muffins mit einem Zahnstocher oder einer Stricknadel mehrmals einstechen und mit je einem Teelöffel Kirschwasser beträufeln. Die Sahne steif schlagen, in einen Spritzbeutel füllen und die Muffins damit hübsch verzieren. Je 1 Kirsche auf die Sahnetupfen legen und mit Schokostreuseln bestreuen.

> **Tipp:** Falls Kinder mitessen, können Sie das Kirschwasser durch je 1 Teelöffel Kirschsaft (aufgefangene Flüssigkeit) ersetzen. Diese Muffins haben sich als Favorit und Klassiker bei allen Muffinliebhabern etabliert.

Weißwein-Trauben-Muffins

Für den Teig und die Verzierung
- 1 Tasse (250 g) kernlose Trauben

Für den Teig
- 1 1/2 Tassen (210 g) Weißmehl
- 2 1/2 TL Backpulver
- 1/2 TL Natron
- 1/2 Tasse (60 g) gemahlene Mandeln
- Abgeriebene Schale 1/2 Zitrone
- 1 Ei
- 3/4 Tasse (140 g) brauner oder weißer Zucker
- 1/3 Tasse (80 ml) Pflanzenöl oder 1/2 Tasse (125 g) weiche Butter oder Margarine
- 3/4–1 Tasse (200 g) Jogurt oder saure Sahne (Schmant)
- 1/3 Tasse (60 ml) Weißwein oder weißer Traubensaft

Für den Guss
- 1 3/4 Tassen (140 g) Puderzucker
- 2–3 EL Weißwein oder weißer Traubensaft

1 Den Backofen auf 190 °C (Umluft 170 °C) vorheizen.

2 Die Muffinsblechvertiefungen einfetten oder mit Papierbackförmchen auskleiden, die Sie im Haushaltsgeschäft bekommen können.

3 Nach Belieben einige der Trauben für die Verzierung beiseite legen.

4 In einer mittelgroßen Schüssel die trockenen Zutaten, d.h. Mehl, Backpulver, Natron, Zitronenschale, die Mandeln und die restlichen Trauben, sorgfältig vermischen.

5 In einer weiteren großen Schüssel das Ei aufschlagen und leicht verquirlen. Dann Zucker, Öl oder Butter, Jogurt oder saure Sahne und den Weißwein oder Traubensaft hinzugeben und kurz verrühren. Zuletzt die trockenen Zutaten hinzufügen und vorsichtig unterheben. Nur so lange rühren, bis die trockenen Zutaten feucht sind.

6 Den Teig in die Muffinsblechvertiefungen einfüllen. Bei 180 °C (Umluft 160 °C) auf mittlerer Schiebeleiste 20 bis 25 Minuten backen. Die Muffins im Backblech 5 bis 10 Minuten ruhen lassen, dann aus den Förmchen nehmen und abkühlen lassen.

7 Für die Glasur Puderzucker mit dem Wein oder Saft glatt rühren. Die Muffins einzeln darin eintauchen, leicht antrocknen und nach Belieben mit den restlichen Trauben verzieren.

▶ **Tipp:** Nach Belieben können Sie dem Teig noch eine halbe Packung (100 Gramm) in kleine Stückchen geschnittenes Marzipan hinzufügen!

Zwetschgen-Muffins mit Schwips

Zum Beträufeln

- **1 Tasse (180 g) Zwetschgen (frisch, konserviert oder getrocknet)**
- **2–3 EL Zwetschgenwasser**

Für den Teig

- **1 3/4–2 Tassen (250 g) Weißmehl**
- **2 1/2 TL Backpulver**
- **1/2 TL Natron**
- **1/2 Tasse (60 g) gehackte Haselnüsse oder Mandeln**
- **1 TL Zimt**
- **1/4 TL Nelken**
- **1 Ei**
- **3/4 Tasse (140 g) brauner oder weißer Zucker**
- **1/3 Tasse (80 ml) Pflanzenöl oder 1/2 Tasse (125 g) weiche Butter oder Margarine**
- **3/4–1 Tasse (ca. 225 g) Pflaumen- oder Naturjogurt**

Für die Füllung und den Belag

- **12 TL Zwetschen- oder Pflaumenmus**
- **3–4 EL gehackte Haselnüsse oder Mandeln**

1 Backofen auf 190 °C (Umluft 170 °C) vorheizen.

2 Die Muffinsblechvertiefungen einfetten oder mit Papierbackförmchen auskleiden, die Sie im Haushaltsgeschäft bekommen können.

3 Die Zwetschgen oder Pflaumen in kleine Stückchen schneiden und mit dem Zwetschgenwasser beträufeln.

4 In einer mittelgroßen Schüssel sämtliche trockenen Zutaten, d.h. Mehl, Backpulver, Natron, die Nüsse oder Mandeln und die Gewürzen, sorgfältig vermischen.

5 In einer weiteren großen Schüssel das Ei aufschlagen und leicht verquirlen. Dann Zucker, Öl oder Butter, den Jogurt und die getränkten Zwetschgenstückchen hinzufügen und gut verrühren.

6 Zuletzt die trockenen Zutaten beifügen und vorsichtig unterheben. Nur so lange rühren, bis die trockenen Zutaten feucht sind.

7 Die Hälfte des Teigs in die Muffinsblechvertiefungen einfüllen. Dann je 1 Teelöffel Pflaumenmus auf den Teig geben, mit dem restlichen Teig auffüllen und mit gehackten Mandeln oder Haselnüssen bestreuen.

8 Bei 180 °C (Umluft 160 °C) auf der mittleren Schiebeleiste des Backofens 20 bis 25 Minuten backen. Die Muffins noch 5 bis 10 Minuten im Backblech ruhen lassen, dann aus den Förmchen nehmen und noch warm servieren.

▶ **Tipp:** Wenn Kinder mitessen, sollten Sie auf den Schwips verzichten. Ersetzen Sie dann das Zwetschgenwasser durch Traubensaft in der gleichen Menge. Oder Sie backen ein Blech Muffins extra für den Nachwuchs.

Grundrezept Früchte-Muffins

Für den Teig
- **1 Tasse (120 g) Vollkorn- oder Weißmehl**
- **1 Tasse (140 g) Weißmehl (Type 405)**
- **2 1/2 TL Backpulver**
- **1/2 TL Natron**
- **1–2 TL Gewürze aller Art (z. B. Vanille, Zimt, geriebene Zitronen- oder Orangenschale usw.)**
- **1/2–3/4 Tasse (50–100 g) gehackte Nüsse, Rosinen, Trockenfrüchte, Schokostückchen, Kokosflocken usw.**
- **1 Ei**
- **3/4 Tasse (140 g) brauner oder weißer Zucker**
- **1/3 Tasse (80 ml) Pflanzenöl oder 1/2 Tasse (125 g) weiche Butter oder Margarine**
- **1 Tasse (250 g) Buttermilch, Milch, Jogurt oder saure Sahne (Schmant)**
- **1–1 1/2 Tassen (200–250 g) Obst der Saison (frisch, konserviert oder gefroren, aber nicht aufgetaut)**

1 Den Backofen auf 190 °C (Umluft 170 °C) vorheizen.

2 Die Muffinsblechvertiefungen einfetten oder mit Papierbackförmchen auskleiden, die Sie im Haushaltsgeschäft bekommen können.

3 In einer mittelgroßen Schüssel die trockenen Zutaten, d. h. Mehl, Backpulver, Natron, die Gewürze und die Nüsse o. Ä. sorgfältig vermischen.

4 In einer weiteren großen Schüssel das Ei aufschlagen und kurz verquirlen. Dann den Zucker, das Fett, die Milchprodukte und die Früchte zugeben und kurz verrühren.

5 Die trockenen Zutaten hinzufügen und unterheben. Nur so lange rühren, bis die trockenen Zutaten feucht sind. Den Teig nicht zu lange rühren (ca. 20 mal rühren!).

6 Den Teig in die Muffinsblechvertiefungen einfüllen. Bei 180 °C (Umluft 160 °C) auf der mittleren Schiebeleiste des Backofens 20 bis 25 Minuten backen.

7 Die Muffins im Backblech noch 5 bis 10 Minuten ruhen lassen, dann aus den Förmchen nehmen und nach Belieben noch warm servieren!

▶ **Tipp:** Frische, duftende Heidelbeer-Muffins sind die Klassiker unter den Obstmuffins. Doch nicht nur mit den süßen blauen Beeren lassen sich Köstlichkeiten zaubern. Mit frischen Beeren, Äpfeln und Pflaumen aus dem eigenen – oder Nachbars – Garten oder exotischen Früchten wie Mangos, Papayas und Ananas werden Muffins zu fruchtigleichten Leckereien. Lassen Sie sich überraschen!

Trockenes Obst (z. B. Aprikosen) bitte immer zu den trockenen Zutaten hinzufügen, feuchtes Obst hingegen (z. B. Aprikosen aus der Dose) stets zu den feuchten Zutaten beifügen. Als Ausnahme gelten Heidelbeeren aus dem Glas: Diese bitte stets zuletzt vorsichtig dem Teig beifügen und unterheben, sonst färben sich die Muffins lila oder blau.

Apfel-Nuss-Muffins

Für den Teig

- **1 Tasse (120 g) Vollkornmehl**
- **1 Tasse (140 g) Weißmehl**
- **2 1/2 TL Backpulver**
- **1/2 TL Natron**
- **1 1/2 TL Zimt**
- **1/8 TL gemahlene Nelken**
- **1/4 TL gemahlener Ingwer**
- **1/2 Tasse (60 g) gehackte Walnüsse**
- **3/4 Tasse (90 g) Rosinen**
- **1 Tasse (120 g) fein geschnittene Apfelstückchen (1 mittelgroßer Apfel)**
- **1 Ei**
- **1/4 Tasse (45 g) brauner oder weißer Zucker**
- **1/3 Tasse (120 g Honig)**
- **1/3 Tasse (80 ml) Pflanzenöl oder 1/2 Tasse (125 g) weiche Butter oder Margarine**
- **1 Tasse (250 g) Buttermilch**

Für den Belag

- **12 Walnusshälften oder**
- **3–4 EL gehackte Walnüsse**

1 Den Backofen auf 190 °C (Umluft 170 °C) vorheizen.

2 Die Muffinsblechvertiefungen einfetten oder mit Papierbackförmchen auskleiden, die Sie im Haushaltsgeschäft bekommen können.

3 In einer mittelgroßen Schüssel die trockenen Zutaten, d.h. Mehl, Backpulver, Natron, Gewürze, Nüsse, Rosinen und Apfelstückchen, sorgfältig vermischen.

4 In einer weiteren großen Schüssel das Ei aufschlagen und ganz leicht verquirlen. Dann Zucker, Honig, Öl oder Butter und die Buttermilch hinzugeben und sehr gründlich vermischen.

5 Zuletzt die trockenen Zutaten beifügen und vorsichtig unterheben, bis sie feucht geworden sind. Den Teig auf keinen Fall zu lange rühren.

6 Den Teig in die Muffinsblechvertiefungen einfüllen und mit je einer Walnusshälfte oder gehackten Nüssen bestreuen.

7 Bei 180 °C (Umluft 160 °C) auf der mittleren Schiebeleiste des Backofens 20 bis 25 Minuten goldgelb backen. Die Muffins im Backblech noch 5 bis 10 Minuten ruhen lassen, dann aus den Förmchen nehmen und nach Belieben noch lauwarm servieren.

▶ **Tipp:** Die Mischung von Obst und Nüssen bzw. Mandeln ist bei allen Muffinsfreunden sehr beliebt. Sie funktioniert selbstverständlich ebenso gut mit Birnen, Pfirsichen und Aprikosen auf der Obstseite und mit Walnüssen, Mandeln, Pistazien oder Pinienkernen auf der Seite der Nüsse. Ihrer Fantasie sind hier keine Grenzen gesetzt. Solange Sie die Mengenverhältnisse einhalten, können Sie immer wieder variieren.

Apfel-Streusel-Muffins

Für den Teig

- **1 Tasse (120 g) Vollkornmehl**
- **1 Tasse (140 g) Weißmehl**
- **2 1/2 TL Backpulver**
- **1/2 TL Natron**
- **1 1/2 TL Zimt**
- **2 mittelgroße Äpfel (150 g), fein geschnitten**
- **1 Ei**
- **3/4 Tasse (140 g) brauner oder weißer Zucker**
- **1/3 Tasse (80 ml) Pflanzenöl oder 1/2 Tasse (125 g) weiche Butter oder Margarine**
- **1 TL Vanille-Backaroma**
- **1 Tasse (250 g) Buttermilch oder Jogurt**

Für die Streusel

- **1/3 Tasse (45 g) Weißmehl**
- **1/2 Tasse (60 g) gehackte Pekan- oder Walnüsse**
- **1/3 Tasse (90 g) Zucker**
- **1 TL Zimt**
- **1/3 Tasse (85 g) weiche Butter**

1 Den Backofen auf 190 °C (Umluft 170 °C) vorheizen.

2 Die Muffinsblechvertiefungen einfetten oder mit Papierbackförmchen auskleiden, die Sie im Haushaltsgeschäft bekommen können.

3 In einer mittelgroßen Schüssel die trockenen Zutaten, d. h. Mehl, Backpulver, Natron, Zimt und Apfelstückchen, sehr sorgfältig vermischen.

4 In einer weiteren großen Schüssel das Ei aufschlagen und leicht verquirlen. Dann Zucker, Öl oder Butter, das Vanille-Backaroma und die Buttermilch oder den Jogurt hinzugeben und gut vermischen.

5 Zuletzt die trockenen Zutaten beifügen und sehr vorsichtig unterheben, bis sie feucht sind. Den Teig auf keinen Fall zu lange rühren!

6 Den Teig in die Muffinsblechvertiefungen einfüllen und mit je 1 Walnusshälfte oder gehackten Nüssen bestreuen.

7 Bei 180 °C (Umluft 160 °C) auf der mittleren Schiebeleiste des Backofens 20 bis 25 Minuten goldgelb backen. Die Muffins im Backblech noch 5 bis 10 Minuten ruhen lassen, dann aus den Förmchen nehmen und nach Belieben noch lauwarm servieren.

▶ **Tipp:** Muffins mit Streuseln sind ein Klassiker, der auf jeder Kaffeetafel seinen Ehrenplatz bekommt. Auch wenn die Kombination mit Äpfeln ebenso wie bei den »großen» Apfelkuchen immer wieder der große Renner ist: Versuchen Sie die köstlichen Streusel-Muffins auch mit anderem Obst: frühsommerlich frisch mit kleinen Erdbeeren (wenn Sie Wald- oder Monatserdbeeren bekommen können, umso besser!), erfrischen säuerlich mit roten Johannisbeeren, köstlich saftig mit Kirschen frisch vom Baum, herbstlich sonnig mit reifen Birnen ... Die Verbindung von Obst und Streuseln bringt Traum-Muffins hervor, die Sie durch das ganze Garten- und Marktjahr begleiten und immer schmecken.

Aprikosen-Muffins

Für den Teig

- **1 Tasse (120 g) Vollkornmehl**
- **1 Tasse (140 g) Weißmehl**
- **2 1/2 TL Backpulver**
- **1/2 TL Natron**
- **1/2 TL geriebene Zitronenschale**
- **1/2 Tasse (60 g) Rosinen (wahlweise)**
- **2/3 Tasse (150 g) geschnittene, getrocknete Aprikosenstückchen**
- **1 Ei**
- **1/2 Tasse (90 g) brauner oder weißer Zucker**
- **1/3 Tasse (80 ml) Pflanzenöl oder 1/2 Tasse (125 g) weiche Butter oder Margarine**
- **1 TL Vanille-Backaroma**
- **3/4 Tasse (180 g) Buttermilch**
- **1/2 Tasse (120 g) geschnittene Aprikosenstückchen (frisch oder konserviert)**

1 Den Backofen auf 190 °C (Umluft 170 °C) vorheizen.

2 Die Muffinsblechvertiefungen einfetten oder mit Papierbackförmchen auskleiden, die Sie im Haushaltsgeschäft bekommen können.

3 In einer mittelgroßen Schüssel die trockenen Zutaten, d. h. Mehl, Backpulver, Natron, Zitronenschale, wahlweise die Rosinen und die getrockneten Aprikosenstückchen, sorgfältig vermischen.

4 In einer weiteren großen Schüssel das Ei aufschlagen und leicht verquirlen. Dann Zucker, Öl, die Vanille, die Buttermilch und die Aprikosenstückchen hinzugeben und gut vermischen.

5 Zuletzt die trockenen Zutaten beifügen und vorsichtig unterheben, bis sie feucht geworden sind. Den Teig auf keinen Fall zu lange rühren!

6 Den Teig in die Muffinsblechvertiefungen einfüllen. Bei 180 °C (Umluft 160 °C) auf der mittleren Schiebeleiste des Backofens 20 bis 25 Minuten goldgelb backen.

7 Die Muffins im Backblech noch 5 bis 10 Minuten ruhen lassen, dann aus den Förmchen nehmen und nach Belieben noch warm servieren.

▶ **Tipp:** Nach Belieben können die getrockneten Aprikosen auch vorher in heißem Wasser eingeweicht werden. Das Wasser sollten Sie dann abgießen und nicht weiter verwenden. Versuchen Sie, ungeschwefelte Aprikosen zu bekommen. Die Konservierung der Aprikosen ist bei günstigen Lagerbedingungen eigentlich gar nicht notwendig.

Wahlweise können auch andere getrocknete und frische Obstsorten wie Pflaumen, Birnen oder Äpfel verwenden werden. Das gilt für alle Muffinsrezepte!

Haben Sie schon einmal versucht, Trockenfrüchte selbst herzustellen? Eigentlich ist das ganz einfach: Sie entkernen bzw. entsteinen das Obst, schneiden es in dünne Scheiben und lassen es im Backofen bei kleinster Hitze (etwa 50 °C) auf dem Backblech trocknen. Gut geeignet sind dafür auch Umluftherde. Lassen Sie die Backofentür einen Spalt breit offen!

Aprikosen-Streusel-Muffins

Für den Teig

- **3/4 Tasse (90 g) Vollkornmehl**
- **1 Tasse (140 g) Weißmehl**
- **2 1/2 TL Backpulver**
- **1/2 TL Natron**
- **1 TL Zimt**
- **1 Ei**
- **3/4 Tasse (140 g) brauner oder weißer Zucker**
- **1/3 Tasse (80 ml) Pflanzenöl oder 1/2 Tasse (125 g) weiche Butter oder Margarine**
- **3/4–1 Tasse (225 g) Buttermilch oder Jogurt**
- **1 Tasse (240 g) geschnittene Aprikosenstückchen (frisch oder konserviert)**

Für die Streusel

- **1/2 Tasse (70 g) Weißmehl**
- **1 TL Zimt**
- **1/4 Tasse (45 g) Zucker**
- **1/4 Tasse (65 g) weiche Butter oder Margarine**

1 Den Backofen auf 190 °C (Umluft 170 °C) vorheizen.

2 Die Muffinsblechvertiefungen einfetten oder mit Papierbackförmchen auskleiden, die Sie im Haushaltsgeschäft bekommen können.

3 In einer mittelgroßen Schüssel die trockenen Zutaten, d. h. Mehl, Backpulver, das Natron und das Zimt, sorgfältig vermischen.

4 In einer weiteren großen Schüssel das Ei aufschlagen und leicht verquirlen. Dann den Zucker, Öl oder Butter, die Buttermilch oder den Jogurt und die Aprikosenstückchen hinzugeben und gut vermischen.

5 Zuletzt die trockenen Zutaten beifügen und vorsichtig unterheben, bis sie feucht sind. Den Teig auf keinen Fall zu lange rühren!

6 In einer kleinen Schüssel das Mehl, den Zimt, den Zucker und die Butter oder Margarine mit den Händen schnell zu einem krümeligen Teig verkneten.

7 Den Teig in die Muffinsblechvertiefungen einfüllen. Die Streusel auf dem Teig verteilen.

8 Bei 180 °C (Umluft 160 °C) auf der mittleren Schiebeleiste des Backofens 20 bis 25 Minuten goldgelb backen. Die Muffins im Backblech noch 5 bis 10 Minuten ruhen lassen, dann aus den Förmchen nehmen und nach Belieben noch warm servieren.

▶ **Tipp:** Noch ein Streuselrezept, diesmal mit saftig süßen Aprikosen, wie sie im Sommer auf dem Markt zu finden sind. Probieren Sie das Streuselrezept im Frühsommer doch auch einmal mit dem herben Rhabarber!

Ballisto-Beeren-Muffins

Für den Teig

- **1 Pck. (180 g) Ballistos mit Beerengeschmack (9 Stück)**
- **1 Tasse (235 g) Beerencocktail**
- **1 1/2 Tassen (230 g) Weißmehl**
- **2 1/2 TL Backpulver**
- **1/2 TL Natron**
- **2 EL Kakao**
- **1 Ei**
- **3/4 Tasse (140 g) brauner oder weißer Zucker**
- **1/3 Tasse (80 ml) Pflanzenöl oder 1/2 Tasse (125 g) weiche Butter oder Margarine**
- **1 Tasse (250 g) Buttermilch, Sauermilch oder Milch**

Für den Guss

- **1 Tasse (140 g) Vollmilch-schoko-Kuvertüre, in Stücke gehackt**

1 Den Backofen auf 190 °C (Umluft 170 °C) vorheizen.

2 Die Muffinsblechvertiefungen einfetten oder mit Papierbackförmchen auskleiden, die Sie im Haushaltsgeschäft bekommen können.

3 Mit einem scharfen Messer 4 Ballistos in je 3 Teile schneiden und für die Deko beiseite stellen. Die restlichen Ballistos in einen Gefrierbeutel geben, diesen verschließen und mit einem Nudelholz so lange darüber rollen, bis sie zerbröselt sind.

4 In einer mittelgroßen Schüssel die trockenen Zutaten, d.h. Mehl, Backpulver, Natron, Kakao und die Ballistobrösel, vermischen.

▶ **Tipp:** Nach Belieben und besonders für den etwas größeren Appetit können Sie die Muffins auch in einem rechteckigen Sechserblech backen. So erhalten Sie etwas größere Muffins, die Sie mit Schlagsahne und frischen Beeren verzieren können, wie Sie es auf dem nebenstehenden Foto sehen. Überhaupt sind Ihrer Fantasie beim Verzieren der Muffins keine Grenzen gesetzt. Gut geeignet sind immer Zutaten aus dem Rezept, von denen man ein wenig für die Dekoration zurückhält und am Schluss verwendet.

5 In einer weiteren großen Schüssel das Ei aufschlagen und leicht verquirlen. Dann Zucker, Öl oder Butter, die Buttermilch oder Milch hinzugeben und kurz verrühren.

6 Die trockenen Zutaten beifügen und vorsichtig unterheben, bis sie feucht sind. Zuletzt die Beeren vorsichtig unterheben.

7 Den Teig in die Muffinsblechvertiefungen einfüllen. Bei 180 °C (Umluft 160 °C) auf der mittleren Schiebeleiste des Backofens 20 bis 25 Minuten goldgelb backen. Die Muffins im Backblech 5 bis 10 Minuten ruhen lassen, dann aus den Förmchen nehmen und auf einem Kuchengitter vollständig abkühlen lassen.

8 Für die Glasur die Kuvertüre nach Packungsanweisung im heißen Wasserbad schmelzen. Die Muffins einzeln mit der Oberseite darin eintauchen, abtropfen und leicht antrocknen lassen. Je ein Ballistostückchen und/oder nach Belieben noch einige Beeren auf die Muffins legen.

Birnen-Anis-Muffins

Für den Teig

- **1 3/4–2 Tassen (250 g) Weißmehl**
- **2 1/2 TL Backpulver**
- **1/2 TL Natron**
- **1/2 Tasse (60 g) gehackte Mandeln oder Haselnüsse**
- **1/2 Tasse (60 g) Rosinen (wahlweise)**
- **1 TL gemahlener Anissamen**
- **Abgeriebene Schale 1/2 Zitrone**
- **1 Ei**
- **2/3 Tasse (120 g) brauner oder weißer Zucker**
- **1/3 Tasse (80 ml) Pflanzenöl oder 1/2 Tasse (125 g) weiche Butter oder Margarine**
- **1 Tasse (250 g) Buttermilch oder Jogurt (Naturjogurt oder mit Birnengeschmack)**
- **1 Tasse (240 g) Birnen (möglichst ungezuckert, aus der Dose), in Stückchen geschnitten**

Zum Bestreuen

- **3–4 EL gehackte Mandeln oder Haselnüsse**

Zum Tränken (wahlweise)

- **3–4 EL Sambuca (Anislikör)**

1 Den Backofen auf 190 °C (Umluft 170 °C) vorheizen.

2 Die Muffinsblechvertiefungen einfetten oder mit Papierbackförmchen auskleiden, die Sie im Haushaltsgeschäft bekommen können.

3 In einer mittelgroßen Schüssel die trockenen Zutaten, d.h. Mehl, Backpulver, Natron, Nüsse, Rosinen, das Anis und die Zitronenschale, sehr sorgfältig vermischen.

4 In einer weiteren großen Schüssel das Ei leicht verquirlen. Dann den Zucker, Öl oder Butter, die Buttermilch oder den Jogurt und die Birnenstückchen dazugeben und gut verrühren. Die Mehlmischung zum Eigemisch geben und nur so lange rühren, bis die trockenen Zutaten feucht geworden sind.

5 Den Teig in die Muffinsblechvertiefungen einfüllen und mit den Mandeln bestreuen. Bei 180 °C (Umluft 160 °C) auf der mittleren Schiebeleiste des Backofens 20 bis 25 Minuten backen. Die Muffins im Backblech noch 5 bis 10 Minuten ruhen lassen, dann aus den Förmchen nehmen.

6 Die Muffins nach Belieben mit einem Zahnstocher oder einer Stricknadel mehrmals einstechen und mit dem Anislikör beträufeln. Die Muffins auf Wunsch noch warm servieren.

▶ **Tipp:** Anis ist vielleicht nicht jedermanns Geschmack. Birnen können Sie aber natürlich auch sehr gut mit einem Obstler kombinieren. Wenn Kinder mit am Kaffeetisch sitzen werden, ist es ohnehin besser, den Alkohol wegzulassen und durch die gleiche Menge aufgefangenen Birnensaft aus der Dose zu ersetzen.

Durch das Beträufeln nach dem Backen werden die Muffins besonders saftig. Sie sollten dann aber auch unbedingt noch am gleichen Tag gegessen werden, damit sie nicht zu feucht werden.

Erdbeer-Rhabarber-Muffins

Für den Teig

- **1 Tasse (120 g) Vollkornmehl**
- **1 Tasse (140 g) Weißmehl**
- **2 1/2 TL Backpulver**
- **1/2 TL Natron**
- **1 Tasse (100 g) fein geschnittene Rhabarberstückchen**
- **1 Ei**
- **3/4–1 Tasse (160 g) brauner oder weißer Zucker**
- **1/3 Tasse (80 ml) Pflanzenöl oder 1/2 Tasse (125 g) weiche Butter oder Margarine**
- **1 TL Vanille-Backaroma**
- **1 Tasse (250 g) Buttermilch**
- **1/2 Tasse (90 g) grob geschnittene Erdbeerstückchen**

Zum Bestreuen

- **1/2 TL Zimt**
- **3 EL Zucker**

1 Den Backofen auf 190 °C (Umluft 170 °C) vorheizen.

2 Die Muffinsblechvertiefungen einfetten oder mit Papierbackförmchen auskleiden, die Sie im Haushaltsgeschäft bekommen können.

3 In einer mittelgroßen Schüssel die trockenen Zutaten, d.h. Mehl, Backpulver, das Natron und die Rhabarberstückchen, sorgfältig vermischen.

4 In einer weiteren großen Schüssel das Ei aufschlagen und ganz leicht verquirlen. Dann Zucker, Öl oder Butter, die Vanille und die Buttermilch hinzufügen und sehr gründlich verrühren. Die trockenen Zutaten beifügen und nur solange rühren, bis sie feucht geworden sind.

5 Zuletzt die Erdbeerstückchen sehr vorsichtig unterheben, damit sie nicht matschig werden. Den Teig nicht zu lange rühren!

6 Den Teig in die Muffinsblechvertiefungen einfüllen. Zimt und Zucker vermischen und gleichmäßig – nicht zu dick! – auf den Teig streuen.

7 Bei 180 °C (Umluft 160 °C) auf der mittleren Schiebeleiste des Backofens 20 bis 25 Minuten goldgelb backen.

8 Die Muffins im Backblech 5 bis 10 Minuten ruhen lassen, dann aus den Förmchen nehmen und nach Belieben noch lauwarm servieren.

Florida-Sonnenschein-Muffins

Für den Teig

- **1 Tasse (120 g) Vollkornmehl**
- **1 Tasse (140 g) Weißmehl**
- **2 1/2 TL Backpulver**
- **1/2 TL Natron**
- **2 TL abgeriebene Orangenschale**
- **1 Ei**
- **2/3 Tasse (120 g) brauner oder weißer Zucker**
- **1/3 Tasse (80 ml) Pflanzenöl oder 1/2 Tasse (125 g) weiche Butter oder Margarine**
- **1 Tasse (250 g) Buttermilch oder Jogurt**
- **3/4 Tasse (250 g) geschnittene Orangenstückchen (3 mittelgroße Orangen)**

Zum Bestreuen (wahlweise)

- **3–4 EL geriebene Orangenschale oder Orangenschalenstreifen**

1 Den Backofen auf 190 °C (Umluft 170 °C) vorheizen.

2 Die Muffinsblechvertiefungen einfetten oder mit Papierbackförmchen auskleiden, die Sie im Haushaltsgeschäft bekommen können.

3 In einer mittelgroßen Schüssel die trockenen Zutaten, d.h. Mehl, Backpulver, das Natron und die Orangenschale, sorgfältig vermischen.

4 In einer weiteren großen Schüssel das Ei aufschlagen und leicht verquirlen. Dann Zucker, Öl oder Butter, die Buttermilch oder den Jogurt und die Orangenstückchen hinzugeben und vermischen.

5 Zuletzt die trockenen Zutaten beifügen und vorsichtig unterheben, bis sie feucht sind.

6 Den Teig in die Muffinsblechvertiefungen einfüllen. Nach Belieben mit der geriebenen Orangenschale bestreuen.

7 Bei 180 °C (Umluft 160 °C) auf der mittleren Schiebeleiste des Backofens 20 bis 25 Minuten backen. Die Muffins im Backblech noch etwa 5 bis 10 Minuten ruhen lassen, dann aus den Förmchen nehmen und nach Belieben noch warm servieren.

▶ **Tipp:** Muffins mit Orangen als fruchtiger Zutat sind besonders saftig und zaubern das ganze Jahr lang Sonne auf Ihren Kaffeetisch.

Wenn es einmal ganz schnell gehen soll und Sie für überraschende Gäste mit Zutaten backen wollen, die Sie gerade im Haus haben, versuchen Sie auch einmal die ganz einfache Variante mit Orangensaft als Flüssigkeit. Auch diese Version der Muffins mit Orangen schmeckt köstlich, vor allem Ihren kleinen Gästen.

Heidelbeer-Apfel-Muffins

Für den Teig

- **1 Tasse (120 g) Vollkornmehl**
- **1 Tasse (140 g) Weißmehl**
- **3 TL Backpulver**
- **3/4 TL Zimt**
- **1 TL abgeriebene Zitronenschale**
- **1 Tasse (120 g) geschnittene Apfelstückchen (entspricht etwa 1 mittelgroßen Apfel)**
- **1 Ei**
- **3/4 Tasse (140 g) brauner oder weißer Zucker**
- **1/3 Tasse (80 ml) Pflanzenöl oder 1/2 Tasse (125 g) weiche Butter oder Margarine**
- **1 Tasse (250 ml) Milch**
- **1/2 Tasse (100 g) Heidelbeeren (frisch, konserviert oder gefroren, dann jedoch noch nicht aufgetaut!)**

1 Den Backofen auf 190 °C (Umluft 170 °C) vorheizen.

2 Die Muffinsblechvertiefungen einfetten oder mit Papierbackförmchen auskleiden, die Sie im Haushaltsgeschäft bekommen können.

3 In einer mittelgroßen Schüssel die trockenen Zutaten, d.h. das Mehl, das Backpulver, den Zimt, die Zitronenschale und die Apfelstückchen, sorgfältig vermischen.

4 In einer weiteren großen Schüssel das Ei aufschlagen und leicht verquirlen. Den Zucker, das Öl oder die Butter und die Milch zugeben und gut verrühren.

5 Die trockenen Zutaten beifügen und nur so lange rühren, bis sie feucht sind. Zuletzt die Heidelbeeren vorsichtig unterheben. Den Teig sollten Sie nicht zu lange rühren.

6 Den Teig in die Muffinsblechvertiefungen einfüllen. Bei 180 °C (Umluft 160 °C) auf der mittleren Schiebeleiste des Backofens 20 bis 25 Minuten goldgelb backen.

7 Die Muffins im Backblech noch 5 bis 10 Minuten ruhen lassen, dann aus den Förmchen nehmen und nach Belieben noch warm servieren.

▶ **Tipp:** Und noch einmal Muffins mit Heidelbeeren! Selbst Leute, die noch nie im Leben Muffins gegessen haben, denken gleich an Heidelbeeren, wenn sie von Muffins hören. Der Klassiker wurde hier mit feinen Apfelstückchen köstlich kombiniert.

Heidelbeer-Zitronen-Muffins

Für den Teig

- **1 Tasse (120 g) Vollkornmehl**
- **1 Tasse (140 g) Weißmehl**
- **2 1/2 TL Backpulver**
- **1/2 TL Natron**
- **3/4 TL Zimt**
- **1/4 TL gemahlene Muskatnuss**
- **3 TL abgeriebene Zitronenschale**
- **1 Ei**
- **3/4 Tasse (140 g) brauner oder weißer Zucker**
- **1/3 Tasse (80 ml) Pflanzenöl oder 1/2 Tasse (125 g) weiche Butter oder Margarine**
- **1 Tasse (250 g) Natur- oder Zitronenjogurt**
- **1 TL Vanille-Backaroma**
- **1 1/4 Tassen (250 g) Heidelbeeren (frisch, konserviert oder gefroren, jedoch nicht aufgetaut!)**

1 Den Backofen auf 190 °C (Umluft 170 °C) vorheizen.

2 Die Muffinsblechvertiefungen einfetten oder mit Papierbackförmchen auskleiden, die Sie im Haushaltsgeschäft bekommen können.

3 In einer mittelgroßen Schüssel die trockenen Zutaten, d. h. Mehl, Backpulver, Natron, die Gewürze und die Zitronenschale, sorgfältig vermischen.

4 In einer weiteren großen Schüssel das Ei aufschlagen und leicht verquirlen. Dann Zucker, Öl oder Butter, den Jogurt und die Vanille zugeben und alles gut unterrühren.

▶ **Tipp:** Da diese Muffins keinerlei Milch enthalten müssen, eignen sie sich hervorragend für Menschen mit einer Lebensmittel-Unverträglichkeit von Milchprodukten. Butter sollten Sie dann freilich nicht verwenden und den Jogurt eventuell durch Sojaprodukte ersetzen.

Weitere Angaben zu Ersatzzutaten finden Sie im Vorspann.

5 Die trockenen Zutaten beifügen und nur so lange rühren, bis sie feucht sind. Zuletzt die Heidelbeeren vorsichtig unterheben. Den Teig sollten Sie auf keinen Fall zu lange rühren!

6 Den Teig in die Muffinsblechvertiefungen einfüllen. Bei 180 °C (Umluft 160 °C) auf mittlerer Schiebeleiste 20 bis 25 Minuten goldgelb backen.

7 Die Muffins im Backblech 5 bis 10 Minuten ruhen lassen, dann aus den Förmchen nehmen und nach Belieben noch lauwarm servieren.

Himbeer-Haferflocken-Muffins

Zum Einweichen

- **1/2 Tasse (45 g) feine Haferflocken**
- **1 Tasse (250 g) Buttermilch**

Für den Teig

- **3/4 Tasse (90 g) Vollkornmehl**
- **3/4 Tasse (100 g) Weißmehl**
- **2 1/2 TL Backpulver**
- **1/2 TL Natron**
- **1 TL Zimt**
- **1 Ei**
- **2/3 Tasse (120 g) brauner oder weißer Zucker**
- **1 Pck. Vanillezucker**
- **1/3 Tasse (80 ml) Pflanzenöl oder 1/2 Tasse (125 g) weiche Butter oder Margarine**
- **1 Tasse (150 g) Himbeeren (frisch, konserviert oder gefroren, jedoch nicht aufgetaut)**

1 Den Backofen auf 190 °C (Umluft 170 °C) vorheizen.

2 Die Muffinsblechvertiefungen einfetten oder mit Papierbackförmchen auskleiden, die Sie im Haushaltsgeschäft bekommen können.

3 In einer mittelgroßen Schüssel die Haferflocken mit der Buttermilch verrühren. Die Masse 5 bis 10 Minuten quellen lassen.

4 In einer weiteren Schüssel sämtliche trockenen Zutaten, d. h. Mehl, Backpulver, das Natron und das Zimt, sorgfältig vermischen.

5 In einer weiteren großen Schüssel das Ei aufschlagen und leicht verquirlen. Dann den Zucker, den Vanillezucker, das Öl oder die Butter und das Haferflockengemisch hinzufügen und gut verrühren.

6 Die trockenen Zutaten hinzufügen und nur so lange rühren, bis sie feucht sind. Zuletzt die Himbeeren sehr vorsichtig unterheben. Den Teig auf keinen Fall zu lange rühren!

► **Tipp:** Zu diesem Rezept gibt es die verschiedensten köstlichen Varianten: Ersetzen Sie die Himbeeren durch Brombeeren oder andere Beeren frisch aus dem Garten oder aus der Tiefkühltruhe. Die feinen Haferflocken können Sie durch kernige Flocken oder auch durch eine der beliebten Müsli-Mischungen ersetzen. Probieren Sie's aus!

7 Den Teig in die Muffinsblechvertiefungen einfüllen. Bei 180 °C (Umluft 160 °C) auf der mittleren Schiebeleiste des Backofens 20 bis 25 Minuten backen.

8 Die Muffins im Backblech noch 5 bis 10 Minuten ruhen lassen, dann aus den Förmchen nehmen und nach Belieben noch warm servieren.

Johannisbeer-Muffins

Für den Teig

- **1 3/4–2 Tassen (250 g) Weißmehl**
- **2 1/2 TL Backpulver**
- **1/2 TL Natron**
- **1/2 Tasse (60 g) gehackte Mandeln**
- **1/2 TL Zimt**
- **1 1/2 TL abgeriebene Zitronenschale**
- **1 1/2 Tassen (250 g) Johannisbeeren (frisch oder konserviert)**
- **1 Ei**
- **3/4 Tasse (140 g) brauner oder weißer Zucker**
- **1/3 Tasse (80 ml) Pflanzenöl oder 1/2 Tasse (125 g) weiche Butter oder Margarine**
- **3/4–1 Tasse (225–250 g) Buttermilch oder Jogurt**

1 Den Backofen auf 190 °C (Umluft 170 °C) vorheizen.

2 Die Muffinsblech-Vertiefungen einfetten oder mit Papierbackförmchen auskleiden, die Sie zum Beispiel im Haushaltsgeschäft bekommen können.

3 In einer mittelgroßen Schüssel sämtliche trockenen Zutaten, d. h. das Mehl, Backpulver, Natron, Mandeln, Zimt, die Zitronenschale und die Johannisbeeren, sehr sorgfältig vermischen.

4 In einer weiteren großen Schüssel das Ei aufschlagen und ganz leicht verquirlen. Den Zucker, das Öl oder die Butter und die Buttermilch oder den Jogurt hinzugeben und sehr gründlich vermischen.

▶ **Tipp:** Frisch und säuerlich begeistern die Johannisbeeren die Genießer im Frühsommer. Sie können dieses Rezept aber auch mit tiefgekühlten Johannisbeeren realisieren, dann freut sich Ihre Familie das ganze Jahr an dieser köstlichen Muffinsspezialität.

Als Variante mischen Sie ruhig auch einmal Rote und Schwarze Johannisbeeren. Schwarze Beeren sollten Sie aber sparsam verwenden, sie sind recht herb.

5 Zuletzt die trockenen Zutaten hinzufügen und sehr vorsichtig unterheben, bis sie feucht sind.

6 Den Teig in die Muffinsblechvertiefungen einfüllen. Bei 180 °C (Umluft 160 °C) auf der mittleren Schiebeleiste des Backofens 20 bis 25 Minuten backen.

7 Die Muffins im Backblech noch etwa 5 bis 10 Minuten ruhen lassen, dann aus den Förmchen nehmen und nach Belieben noch lauwarm servieren.

Karotten-Ananas-Muffins

Für den Teig

- **3/4 Tasse (90 g) Vollkornmehl**
- **1 Tasse (140 g) Weißmehl**
- **2 1/2 TL Backpulver**
- **1/2 TL Natron**
- **1/4 TL Zimt**
- **3/4 Tasse (90 g) gehackte Walnüsse**
- **1 Ei**
- **2/3 Tasse (120 g) brauner oder weißer Zucker**
- **1/3 Tasse (80 ml) Pflanzenöl oder 1/2 Tasse (125 g) weiche Butter oder Margarine**
- **1 TL Vanille-Backaroma**
- **1/2 Tasse (125 g) Buttermilch oder Jogurt**
- **1 Tasse (100 g) geraspelte Karotten**
- **1 Tasse (250 g) klein geschnittene Ananasstückchen (frisch oder konserviert)**

▶ **Tipp:** Der abgetropfte Saft von Obst lässt sich gut verwenden. Ersetzen Sie mit dem Saft einfach einen Teil der angegebenen Flüssigkeitsmenge. Ist der Saft gesüßt, reduzieren Sie bitte die Zuckermenge.

1 Den Backofen auf 190 °C (Umluft 170 °C) vorheizen.

2 Die Muffinsblechvertiefungen einfetten oder mit Papierbackförmchen auskleiden, die Sie im Haushaltsgeschäft bekommen können.

3 In einer mittelgroßen Schüssel die trockenen Zutaten, d.h. Mehl, Backpulver, Natron, das Zimt und die Nüsse, sehr sorgfältig vermischen.

4 In einer weiteren großen Schüssel das Ei aufschlagen und leicht verquirlen. Dann Zucker, Öl oder Butter, Vanille, die Buttermilch oder den Jogurt, die Karotten und die Ananasstückchen hinzugeben und gründlich vermischen.

5 Zuletzt die trockenen Zutaten beifügen und vorsichtig unterheben, bis sie feucht geworden sind. Den Teig auf keinen Fall zu lange rühren.

6 Den Teig in die Muffinsblechvertiefungen einfüllen. Bei 180 °C (Umluft 160 °C) auf der mittleren Schiebeleiste des Backofens 20 bis 25 Minuten backen.

7 Die Muffins im Backblech 5 bis 10 Minuten ruhen lassen, dann aus den Förmchen nehmen und nach Belieben noch warm servieren.

▶ **Tipp:** Sie wollen die gleiche Verzierung auf den Muffins anbringen wie auf dem Rezeptfoto? Dann stellen Sie bitte folgenden Guss her: 1/2 bis 3/4 Tasse (200 Gramm) Frischkäse in einer Schüssel mit 2 Esslöffeln weicher Butter und 1 Teelöffel Vanille-Backaroma oder etwas Vanillezucker verrühren. Dieser Guss wird dick und gleichmäßig auf die Muffins gestrichen. Sie können für diese Rezept auch gut die 6er-Form mit den rechteckigen XXL-Muffins verwenden. Die Teigmenge ist dieselbe. Bei Ihrem Konditor bekommen Sie auf Vorbestellung die niedlichen Möhrchen aus Zuckerguss oder Marzipan.

Mandarinen-Mascarpone-Muffins

Für den Teig und die Deko
- ▷ **2 kleine Dosen (350 g) Mandarinen**

Für den Teig
- ▷ **1 3/4 Tassen (230 g) Weißmehl**
- ▷ **3/4 Tasse (60 g) Kokosraspel**
- ▷ **2 1/2 TL Backpulver**
- ▷ **1/2 TL Natron**
- ▷ **1 Ei**
- ▷ **2/3 Tasse (120 g) brauner oder weißer Zucker**
- ▷ **1 Pck. Vanillezucker**
- ▷ **1/3 Tasse (80 ml) Pflanzenöl oder 1/2 Tasse (125 g) weiche Butter oder Margarine**
- ▷ **1/2 Tasse (125 g) Jogurt**
- ▷ **1/2 Tasse (125 g) Mascarpone (italienischer Frischkäse)**

Für die Glasur
- ▷ **1/2 Tasse (125 g) Mascarpone**
- ▷ **1/2 Tasse (40 g) Puderzucker**
- ▷ **3/4 Tasse (60 g) Kokosraspel**

1 Den Backofen auf 190 °C (Umluft 170 °C) vorheizen. Die Muffinsblechvertiefungen sorgfältig einfetten oder die Papierbackförmchen hineinsetzen.

2 Die Mandarinen in einem Sieb gut abtropfen. Den Saft auffangen. Für die Dekoration 12 Mandarinenscheibchen beiseite legen.

3 In einer mittelgroßen Schüssel die trockenen Zutaten, d. h. Mehl, Backpulver, das Natron und die Kokosraspel, sorgfältig vermischen.

4 In einer weiteren großen Schüssel das Ei aufschlagen und leicht verquirlen. Dann Zucker, Vanillezucker, Öl oder Butter, den Jogurt, den Mascarpone und 1/8 Tasse (ca. 30 ml) des Mandarinensaftes hinzugeben und kurz verrühren. Zuletzt die trockenen Zutaten hinzufügen und vorsichtig unterheben. Nur so lange rühren, bis die trockenen Zutaten feucht sind.

5 Den Teig in die Muffinsblechvertiefungen einfüllen. Bei 180 °C (Umluft 160 °C) auf der mittleren Schiebeleiste des Backofens 20 bis 25 Minuten backen. Die Muffins im Backblech noch 5 bis 10 Minuten ruhen lassen, dann aus den Förmchen nehmen und vollständig abkühlen lassen.

6 Für die Glasur den Mascarpone mit dem Puderzucker und den Kokosraspeln verrühren. Die Muffins gleichmäßig damit bestreichen und mit den restlichen Mandarinen verzieren.

▶ **Tipp:** Anstelle der Mandarinen können Sie auch andere Obstsorten verwenden. Vor allem exotische Früchte, z. B. Mangos, sind als Ersatz gut geeignet. Diese können Sie auch frisch verwenden, bei den Mandarinen ist die Dosenware vorzuziehen: Sie lässt sich besser verarbeiten.

Mandel-Kirsch-Muffins

Für den Teig

- **1 Tasse (120 g) Vollkornmehl**
- **1 Tasse (140 g) Weißmehl**
- **2 1/2 TL Backpulver**
- **1/2 TL Natron**
- **1/8 TL Muskatnuss**
- **1/2 Tasse (60 g) gehackte Mandeln**
- **1 Ei**
- **3/4 Tasse (140 g) brauner oder weißer Zucker**
- **1/3 Tasse (80 ml) Pflanzenöl oder 1/2 Tasse (125 g) weiche Butter oder Margarine**
- **1 Tasse (250 g) Buttermilch**
- **1/8 TL Bittermandel-Backaroma**
- **1 Tasse (150 g) Kirschen, entsteint (frisch oder konserviert)**

Für den Belag

- **3–4 EL gehackte Mandeln oder Mandelblättchen**

1 Den Backofen auf 190 °C (Umluft 170 °C) vorheizen. Die Muffinsblechvertiefungen einfetten oder die Papierbackförmchen hineinsetzen.

2 In einer mittelgroßen Schüssel die trockenen Zutaten, d.h. Mehl, Backpulver, Natron, das Muskat und die Mandelstückchen, sorgfältig vermischen.

3 In einer weiteren großen Schüssel das Ei aufschlagen und leicht verquirlen. Dann Zucker, Öl oder Butter, Buttermilch, den Mandelextrakt und die Kirschen hinzufügen und gut vermischen. Zuletzt die trockenen Zutaten beifügen und vorsichtig unterheben, bis sie feucht sind.

4 Den Teig in die Muffinsblechvertiefungen einfüllen und mit den Mandeln bestreuen. Bei 180 °C (Umluft 160 °C) auf mittlerer Schiebeleiste 20 bis 25 Minuten backen. Die Muffins im Backblech 5 bis 10 Minuten ruhen lassen, dann aus den Förmchen nehmen und nach Belieben warm servieren.

▶ **Tipp:** Mandel-Kirsch-Muffins sind eine ganz besonders beliebte Kreation. Der mild fruchtige Geschmack der Kirschen und die feine Süße der Mandeln harmonieren wunderbar miteinander. Wer den ohnehin köstlichen Muffins noch einen besonderen »Pfiff« verleihen möchte, kann die Kirschen vorab in Rum oder Kirschwasser einlegen. Verzichten Sie jedoch lieber darauf, wenn Sie die Muffins als Dessert für Kinder planen!

Orangen-Ananas-Muffins

Für den Teig

- 3/4 Tasse (90 g) Vollkornmehl
- 1 Tasse (140 g) Weißmehl
- 2 1/2 TL Backpulver
- 1/2 TL Natron
- 2 TL abgeriebene Orangenschale
- 1 Ei
- 2/3 Tasse (120 g) brauner oder weißer Zucker
- 1/3 Tasse (80 ml) Pflanzenöl oder 1/2 Tasse (125 g) weiche Butter oder Margarine
- 3/4–1 Tasse (200 ml) Orangensaft
- 1 Tasse (250 g) Ananasstückchen, klein geschnitten (frisch oder konserviert)

1 Den Backofen auf 190 °C (Umluft 170 °C) vorheizen.

2 Die Muffinsblechvertiefungen einfetten oder mit Papierbackförmchen auskleiden, die Sie im Haushaltsgeschäft bekommen können.

3 In einer mittelgroßen Schüssel die trockenen Zutaten, d. h. Mehl, Backpulver, das Natron und die Orangenschale, sorgfältig vermischen.

4 In einer weiteren großen Schüssel das Ei aufschlagen und leicht verquirlen. Dann Zucker, Öl oder Butter, den Orangensaft und die Ananasstückchen hinzugeben und gründlich vermischen.

5 Zuletzt die trockenen Zutaten beifügen und vorsichtig unterheben, bis sie feucht geworden sind. Den Teig auf keinen Fall zu lange rühren!

6 Den Teig in die Muffinsblechvertiefungen einfüllen. Bei 180 °C (Umluft 160 °C) auf mittlerer Schiebeleiste 20 bis 25 Minuten backen.

7 Die Muffins im Backblech noch 5 bis 10 Minuten ruhen lassen, dann aus den Förmchen nehmen und nach Belieben noch warm servieren.

▶ **Tipp:** Diese Muffins enthalten keine Milchprodukte und eignen sich daher hervorragend für Menschen mit einer Unverträglichkeit von Milchprodukten jeglicher Art. Verwenden Sie reine Pflanzenmargarine oder Öl statt der Butter!

Weitere Angaben zu Ersatzzutaten finden Sie im Vorspann.

Pfirsich-Rhabarber-Muffins

Für den Teig

- 1 Tasse (120 g) Vollkornmehl
- 1 Tasse (140 g) Weißmehl
- 2 1/2 TL Backpulver
- 1/2 TL Natron
- 1 TL abgeriebene Zitronenschale
- 1 Tasse (150 g) kleine Rhabarberstücke
- 1 Ei
- 3/4 Tasse (140 g) brauner oder weißer Zucker
- 1/2 Pck. Vanillezucker
- 1/3 Tasse (80 ml) Pflanzenöl oder 1/2 Tasse (125 g) weiche Butter oder Margarine
- 1 Tasse (250 g) Buttermilch
- 1/2 Tasse (120 g) Pfirsiche, in kleine Stückchen geschnitten (frisch oder konserviert)

1 Den Backofen auf 190 °C (Umluft 170 °C) vorheizen.

2 Die Muffinsblechvertiefungen einfetten oder mit Papierbackförmchen auskleiden, die Sie im Haushaltsgeschäft bekommen können.

3 In einer mittelgroßen Schüssel die trockenen Zutaten, d.h. Mehl, Backpulver, Natron, die Zitronenschale und die Rhabarberstückchen, sehr sorgfältig vermischen.

4 In einer weiteren Schüssel das Ei aufschlagen und leicht verquirlen. Dann den Zucker, Vanillezucker, das Öl oder die Butter, die Buttermilch und die Pfirsichstückchen hinzufügen und gut verrühren.

5 Zuletzt die trockenen Zutaten beifügen und nur so lange rühren, bis sie feucht sind.

6 Den Teig in die Muffinsblechvertiefungen einfüllen. Bei 180 °C (Umluft 160 °C) auf der mittleren Schiebeleiste des Backofens 20 bis 25 Minuten backen.

7 Die Muffins im Backblech noch 5 bis 10 Minuten ruhen lassen, dann aus den Förmchen nehmen und nach Belieben noch warm servieren.

▶ **Tipp:** Pfirsich und Rhabarber sind eine ungewöhnliche Mischung, die aber vor allem deshalb so wunderbar schmeckt, weil sie Süß und Herb besonders gekonnt verbindet.

Das Rezept ist auch im Winter realisierbar, denn Pfirsich bekommen Sie das ganze Jahr in hervorragender Qualität als Konservenware, und Rhabarber lässt sich prima einfrieren.

Preiselbeer-Orangen-Muffins

Für den Teig

- **1 Tasse (120 g) Vollkornmehl**
- **1 Tasse (140 g) Weißmehl**
- **2 1/2 TL Backpulver**
- **1/2 TL Natron**
- **3/4 TL Zimt**
- **1/4 TL gemahlene Nelken**
- **1 TL abgeriebene Orangenschale**
- **1/2 Tasse (60 g) gehackte Walnüsse oder Haselnüsse**
- **1 1/2 Tassen (250 g) Preiselbeeren (frisch oder konserviert)**
- **1 Ei**
- **3/4 Tasse (140 g) brauner oder weißer Zucker**
- **1/3 Tasse (80 ml) Pflanzenöl oder 1/2 Tasse (125 g) weiche Butter oder Margarine**
- **1/2 Tasse (125 g) Jogurt oder Buttermilch**
- **1/2 Tasse (125 ml) Orangensaft**

1 Den Backofen auf 190 °C (Umluft 170 °C) vorheizen.

2 Die Muffinsblechvertiefungen einfetten oder mit Papierbackförmchen auskleiden, die Sie im Haushaltsgeschäft bekommen können.

▶ **Tipp:** Preiselbeeren sind bei uns vor allem im Spätsommer frisch auf dem Markt zu bekommen. Selbst sammeln werden Sie sie nur in wenigen Regionen. Sie können aber auch auf Tiefkühlware zurückgreifen (probieren Sie auch einmal die amerikanischen Cranberries, das sind besonders große Preiselbeeren, die es bei uns tiefgekühlt zu kaufen gibt. Und schließlich gibt es ja auch hervorragende Preiselbeeren aus dem Glas, die zu jeder Jahreszeit einsatzbereit sind. Legen Sie sich einen Vorrat an!

Wenn Sie Preiselbeeren nicht mögen, dann ersetzen Sie diese ganz einfach durch rote Johannisbeeren. Dies gilt für alle Rezepte: Alle Obst- und Gemüsezutaten können Sie nach Lust und Laune kombinieren und variieren.

3 In einer mittelgroßen Schüssel die trockenen Zutaten, d. h. Mehl, Backpulver, Gewürze, die Orangenschale, die gehackten Nüsse und die Preiselbeeren, sorgfältig und gründlich vermischen.

4 In einer weiteren großen Schüssel das Ei aufschlagen und ganz leicht verquirlen. Den Zucker, das Öl oder die Butter, den Jogurt oder die Buttermilch (Sauermilch) und den Orangensaft hinzugeben und gründlich vermischen.

5 Zuletzt die trockenen Zutaten beifügen und vorsichtig unterheben, bis sie feucht geworden sind. Den Teig nicht zu lange rühren!

6 Den Teig in die Muffinsblechvertiefungen einfüllen. Bei 180 °C (Umluft 160 °C) auf der mittleren Schiebeleiste des Backofens 20 bis 25 Minuten backen.

7 Die Muffins im Backblech noch 5 bis 10 Minuten ruhen lassen, dann aus den Förmchen nehmen und nach Belieben noch warm servieren.

Stachelbeer-Baiser-Muffins

Für den Teig

- **1 3/4–2 Tassen (250 g) Weißmehl**
- **2 1/2 TL Backpulver**
- **1/2 TL Natron**
- **Abgeriebene Schale 1/2 Zitrone**
- **1 Ei**
- **3/4 Tasse (140 g) brauner oder weißer Zucker**
- **1 Pck. Vanillezucker**
- **1/3 Tasse (80 ml) Pflanzenöl oder 1/2 Tasse (125 g) weiche Butter oder Margarine**
- **1 Tasse (250 g) Jogurt oder saure Sahne (Schmant)**
- **1 Tasse (250 g) Stachelbeeren (frisch oder konserviert)**
- **1 EL Zitronensaft**

Für das Baiser

- **3 Eiweiß, 1 Prise Salz**
- **1 1/4 Tassen (100 g) Puderzucker**
- **1 TL ausgepresster Zitronensaft**
- **1 TL abgeriebene Zitronenschale**
- **2–3 EL Zucker**

1 Den Backofen auf 190 °C (Umluft 170 °C) vorheizen.

2 Die Muffinsblechvertiefungen einfetten oder mit Papierbackförmchen auskleiden, die Sie im Haushaltsgeschäft bekommen können.

3 In einer mittelgroßen Schüssel die trockenen Zutaten, d. h. das Mehl, Backpulver, das Natron, und die Zitronenschale, sorgfältig vermischen.

4 In einer weiteren großen Schüssel das Ei aufschlagen und kurz verquirlen. Dann Zucker, Vanillezucker, Öl oder Butter, Jogurt oder saure Sahne, die Stachelbeeren und den Zitronensaft zugeben und ganz kurz verrühren.

5 Die trockenen Zutaten hinzufügen und unterheben. Auf jeden Fall nur so lange rühren, bis die trockenen Zutaten feucht geworden sind.

6 Für den Baiser-Guss die Eier trennen. Die Eiweiße mit dem Salz steif schlagen. Den Zucker langsam einrieseln lassen und mit dem Zitronensaft und der Zitronenschale verrühren.

7 Den Teig in die Muffinsblechvertiefungen einfüllen. Bei 180 °C (Umluft 160 °C) auf der mittleren Schiebeleiste des Backofens nur 15 Minuten (!) backen. Die Baiser-Masse in einen Spritzbeutel füllen, gleichmäßig auf die vorgebackenen Muffins spritzen und mit etwas Zucker bestreuen.

8 Die Muffins weitere 5 bis 10 Minuten im Backofen weiterbacken. Die Muffins im Backblech noch 5 bis 10 Minuten ruhen lassen, dann aus den Förmchen nehmen und nach Belieben noch warm servieren!

► **Tipp:** Stachelbeeren und Baiser sind nicht ohne Grund auch in der Welt der großen Kuchen so beliebt: Die Mischung von säuerlichen Beeren und himmlisch süßem Baiser macht den besonderen Reiz aus. Unsere Muffinsvariante dieses Kuchenklassikers können Sie natürlich auch in den größeren Rechteckformen backen. Das Rezept reicht dann für sechs Muffins.

Zitronen-Kokos-Muffins

Für den Teig

- 1 Tasse (120 g) Vollkornmehl
- 1 Tasse (140 g) Weißmehl
- 2 1/2 TL Backpulver
- 1/2 TL Natron
- 1 Prise Muskatnuss
- 1 EL Zitronenschale
- 1/2 Tasse (40 g) Kokosraspel
- 1 Ei
- 3/4 Tasse (140 g) Zucker
- 1/3 Tasse (80 ml) Pflanzenöl oder 1/2 Tasse (125 g) weiche Butter
- 1 1/4 Tassen (300 g) Buttermilch oder Jogurt
- 1–2 EL Zitronensaft

Zum Bestreuen

- 3–4 EL Kokosraspel

1 Den Backofen auf 190 °C (Umluft 170 °C) vorheizen. Die Muffinsblechvertiefungen einfetten oder Papierförmchen hineinsetzen.

2 In einer mittelgroßen Schüssel die trockenen Zutaten, d.h. Mehl, Backpulver, Natron, Muskatnuss, die Zitronenschale und die Kokosraspel, vermischen.

3 In einer großen Schüssel das Ei verquirlen. Zucker, Öl oder Butter, Buttermilch oder Jogurt und Zitronensaft hinzufügen und verrühren. Die trockenen Zutaten beifügen und unterheben.

4 Den Teig in die Muffinsblechvertiefungen einfüllen und mit Kokosraspel bestreuen. Bei 180 °C (Umluft 160 °C) auf mittlerer Schiebeleiste 20 bis 25 Minuten backen. Die Muffins im Backblech 5 bis 10 Minuten ruhen lassen.

Zitronen-Nuss-Muffins

Für den Teig

- 1 Tasse (120 g) Vollkornmehl
- 1 Tasse (140 g) Weißmehl
- 2 1/2 TL Backpulver
- 1/2 TL Natron
- 1 TL Zitronenschale
- 2/3 Tasse (80 g) Walnüsse
- 1/2 Tasse (60 g) Rosinen
- 1 Ei
- 2/3 Tasse (120 g) Zucker
- 1 Pck. Vanillezucker
- 1/3 Tasse (80 ml) Pflanzenöl oder 1/2 Tasse (125 g) Butter
- 3/4–1 Tasse (ca. 225 g) Naturjogurt
- 1/4 Tasse (60 ml) Zitronensaft

1 Backofen auf 190 °C (Umluft 170 °C) vorheizen. Die Muffinsblechvertiefungen einfetten.

2 Die trockenen Zutaten, d.h. Mehl, Backpulver, Natron, Zitronenschale, gehackte Nüsse und Rosinen, vermischen.

3 In einer großen Schüssel das Ei verquirlen. Zucker, Vanillezucker, Öl oder Butter, Jogurt und Zitronensaft hinzugeben und mischen. Die trockenen Zutaten beifügen und unterheben.

4 Den Teig in die Muffinsblechvertiefungen einfüllen. Bei 180 °C (Umluft 160 °C) 20 bis 25 Minuten backen. Die Muffins im Backblech 5 bis 10 Minuten ruhen lassen.

Zwetschgen-Streusel-Muffins

Für den Teig

- **1 Tasse (120 g) Vollkornmehl**
- **1 Tasse (140 g) Weißmehl**
- **2 1/2 TL Backpulver**
- **1/2 TL Natron**
- **1/2 Tasse (60 g) gehackte Nüsse oder Mandeln**
- **1/2 TL Zimt**
- **1 Ei**
- **2/3 Tasse (120 g) brauner oder weißer Zucker**
- **1 Pck. Vanillezucker**
- **1/3 Tasse (80 ml) Pflanzenöl oder 1/2 Tasse (125 g) weiche Butter oder Margarine**
- **1 Tasse (250 g) Buttermilch oder Jogurt (Naturjogurt oder mit Pflaumengeschmack)**
- **1 Tasse (200 g) Pflaumen, in Stückchen geschnitten (frisch oder getrocknet und eingeweicht)**

Für die Streusel

- **1/2 Tasse (70 g) Weißmehl**
- **1/4 Tasse (45 g) Zucker**
- **1/4 TL Zimt**
- **1/4 Tasse (30 g) gehackte Nüsse oder Mandeln**
- **1/4 Tasse (65 g) weiche Butter**

1 Den Backofen auf 190 °C (Umluft 170 °C) vorheizen.

2 Die Muffinsblechvertiefungen einfetten oder mit Papierbackförmchen auskleiden, die Sie im Haushaltsgeschäft bekommen können.

3 In einer mittelgroßen Schüssel die trockenen Zutaten, d. h. Mehl, Backpulver, Natron, die Nüsse oder Mandeln und das Zimt, sorgfältig vermischen.

4 In einer weiteren großen Schüssel das Ei aufschlagen und leicht verquirlen. Dann den Zucker, den Vanillezucker, das Öl oder die Butter, die Buttermilch oder den Jogurt und die Pflaumenstückchen sehr vorsichtig unterrühren.

5 Zuletzt die trockenen Zutaten beifügen und vorsichtig unterheben, bis sie feucht sind.

6 In einer kleinen Schüssel das Mehl mit dem Zucker, dem Zimt, den Nüssen oder Mandeln und der Butter schnell mit den Händen zu einem krümeligen Streuselteig verkneten.

7 Den Teig in die Muffinsblechvertiefungen einfüllen und mit den Streuseln bestreuen. Bei 180 °C (Umluft 160 °C) auf mittlerer Schiebeleiste 20 bis 25 Minuten backen.

8 Die Muffins im Backblech noch 5 bis 10 Minuten ruhen lassen, dann aus den Förmchen nehmen und nach Belieben noch warm servieren.

▶ **Tipp:** Viele Genießer warten im Sommer ganz sehnsüchtig auf den Beginn der Zwetschgenzeit. Wenn dann die ersten Zwetschgenkuchen zu bekommen sind, beginnt auch die Zeit der Zwetschgen-Muffins. Unser Rezept mit Streuseln ist besonders beliebt.

Nach Belieben können Sie dem Teig und den Streuseln jeweils noch 50 Gramm Marzipan hinzufügen. Der Geschmack des Marzipans verbindet sich wunderbar mit den Zwetschgen.

Ahornsirup-Nuss-Muffins

Für die Füllung

- 3/4 Tasse (90 g) gemahlene Nüsse (Hasel- oder Walnüsse)
- 1/4 Tasse (60 ml) Ahornsirup

Für den Teig

- 1 Tasse (120 g) Vollkornmehl
- 1 Tasse (140 g) Weißmehl
- 2 1/2 TL Backpulver
- 1/2 TL Natron
- 1/2 Tasse (60 g) gehackte Nüsse (Hasel- oder Walnüsse)
- 1 Ei
- 1/3 Tasse (90 ml) Ahornsirup
- 1/3 Tasse (80 ml) Pflanzenöl oder 1/2 Tasse (125 g) weiche Butter
- 1 Tasse (250 g) Buttermilch

▶ **Tipp:** Ahornsirup bekommen Sie im Supermarkt. Er ist nicht sehr lange haltbar, kaufen Sie also nur kleine Mengen. Als preiswerte und nicht minder köstliche Alternative bietet sich Rübensirup an. Unter der Bezeichnung »Grafschafter Goldsaft« ist er überall zu bekommen.

Für den Belag

- 12 Walnusshälften oder 3–4 EL gehackte Nüsse

1 Den Backofen auf 190 °C (Umluft 170 °C) vorheizen.

2 Die Muffinsblechvertiefungen einfetten oder mit Papierbackförmchen auskleiden, die Sie im Haushaltsgeschäft bekommen können.

3 Für die Füllung die Nüsse mit dem Ahornsirup verrühren.

4 In einer mittelgroßen Schüssel die trockenen Zutaten, d. h. das Mehl mit dem Backpulver, dem Natron und den Nüssen, sorgfältig vermischen.

5 In einer weiteren großen Schüssel das Ei leicht verquirlen. Dann den Ahornsirup, das Öl und die Butter sowie die Buttermilch dazugeben und alles gründlich miteinander verrühren.

6 Die Mehlmischung zum Eigemisch geben und nur so lange rühren, bis die trockenen Zutaten feucht sind.

7 Die Hälfte des Teigs in die Muffinsblechvertiefungen einfüllen. Je 1 Teelöffel der Füllung auf den Teig geben und mit dem restlichen Teig auffüllen. Mit jeweils 1 Walnusshälfte belegen oder mit gehackten Nüssen bestreuen. Bei 180 °C (Umluft 160 °C) auf mittlerer Schiebeleiste 20 bis 25 Minuten backen. Die Muffins im Backblech 5 bis 10 Minuten ruhen lassen, dann aus den Förmchen nehmen und noch lauwarm servieren.

Apfelstrudel-Muffins

Für die Füllung
- 2 kleine oder 1 mittelgroßer Apfel (z. B. Boskop)
- geschält und klein geschnitten (ca. 125 g)
- 1 TL Zimt
- 3–4 Rumrosinen (wahlweise)
- 2–3 EL Zucker

Für den Teig
- 1 3/4–2 Tassen (250 g) Weißmehl
- 2 1/2 TL Backpulver
- 1/2 TL Natron
- 1 TL Zimt
- 1/2 Tasse (60 g) gehackte Mandeln
- 1 Ei
- 2/3 Tasse (120 g) brauner oder weißer Zucker
- 1 Pck. Vanillezucker
- 1/3 Tasse (80 ml) Pflanzenöl oder 1/2 Tasse (125 g) weiche Butter
- 1 Tasse (250 g) Buttermilch oder Jogurt
- 3/4 Pck. (70 g) Rumrosinen (wahlweise)

Für den Belag
- 3–4 EL flüssige Butter
- 1/2 TL Zimt
- 3 EL Zucker
- 3–4 EL gehackte Mandeln

1 Den Backofen auf 190 °C (Umluft 170 °C) vorheizen. Die Muffinsblechvertiefungen einfetten oder Papierbackförmchen hineinsetzen.

2 Für die Füllung die Apfelstückchen mit dem Zimt, nach Belieben den Rumrosinen und dem Zucker gut verrühren.

3 In einer mittelgroßen Schüssel die trockenen Zutaten, d. h. Mehl, Backpulver, das Natron und die Mandeln, sorgfältig vermischen.

4 In einer weiteren großen Rührschüssel das Ei aufschlagen und leicht verquirlen. Dann Zucker, Vanillezucker, Öl oder Butter, die Buttermilch oder den Jogurt und wahlweise die Rumrosinen hinzugeben und kurz verrühren. Zuletzt die trockenen Zutaten hinzufügen und vorsichtig unterheben. Nur so lange rühren, bis die trockenen Zutaten feucht sind.

5 Die Hälfte des Teigs in die Muffinsblechvertiefungen einfüllen. Dann jeweils 1–2 Teelöffel der Apfelfüllung auf den Teig geben und mit dem restlichen Teig auffüllen. Für den Belag Butter, Zimt, Zucker und die Mandeln verrühren und gleichmäßig auf den Teig verteilen. Bei 180 °C (Umluft 160 °C) auf mittlerer Schiebeleiste 20 bis 25 Minuten backen. Die Muffins im Backblech 5 bis 10 Minuten ruhen lassen, dann aus den Förmchen nehmen und nach Belieben noch warm servieren!

▶ **Tipp:** Apfelstrudel ist das Lieblingsgericht vieler kleiner und großer Genießer. Die Geschmäcker sind aber durchaus verschieden: Manche lieben den Strudel warm mit Vanilleeis, manche mit Vanillesauce, und manche schwören auf die kalte Variante. Auch bei den Muffins ist die Zahl der Varianten groß.

Bienenstich-Muffins

Für den Belag
- **1/4 Tasse (60 ml) Schlagsahne**
- **2 EL Honig**
- **2 EL Zucker**
- **Abgeriebene Schale 1/2 Zitrone**
- **1 Tasse (140 g) Mandelstifte oder Mandelblättchen**

Für die Füllung
- **1/2 Tasse (150 g) Frischkäse**
- **2 EL Puderzucker**
- **1 Pck. Vanillezucker**
- **1 TL Rum**

Für den Teig
- **1 3/4–2 Tassen (250 g) Weißmehl**
- **2 1/2 TL Backpulver**
- **1/2 TL Natron**
- **1 Ei**
- **2/3 Tasse (120 g) brauner oder weißer Zucker**
- **1/3 Tasse (80 ml) Pflanzenöl oder 1/2 Tasse (125 g) weiche Butter oder Margarine**
- **1 Tasse (250 g) Buttermilch**

1 Den Backofen auf 190 °C (Umluft 170 °C) vorheizen. Die Muffinsblechvertiefungen einfetten oder Papierbackförmchen hineinsetzen.

2 Für den Belag die Sahne mit dem Honig, dem Zucker und der Zitronenschale in einem kleinen Topf zum Kochen bringen und unter Rühren etwa 2 bis 3 Minuten erhitzen. Dann die Mandelstifte unterrühren und abkühlen lassen.

3 Für die Füllung den Frischkäse mit dem Puderzucker, dem Vanillezucker und dem Rum zu einer glatten Creme verrühren.

4 In einer mittelgroßen Schüssel die trockenen Zutaten, d.h. das Mehl mit dem Backpulver und dem Natron, vermischen.

5 In einer weiteren großen Schüssel das Ei leicht verquirlen. Dann den Zucker, das Öl oder die Butter und die Buttermilch dazugeben und gut verrühren. Die Mehlmischung zum Eigemisch geben und nur so lange rühren, bis die trockenen Zutaten feucht sind.

6 Die Hälfte des Teigs in die Muffinsblechvertiefungen einfüllen. Dann jeweils 1 Teelöffel der Füllung darauf geben und den restlichen Teig auffüllen. Dann den Belag darauf verteilen. Bei 180 °C (Umluft 160 °C) auf mittlerer Schiebeleiste 20 bis 25 Minuten backen. Die Muffins im Backblech 5 bis 10 Minuten ruhen lassen, dann aus den Förmchen nehmen und noch warm servieren.

Brombeer-Baiser-Muffins

Zum Trennen
- 3 Eier

Für die Füllung
- 1/4 Tasse (50 g) saure Sahne oder Crème fraîche
- 1 Pck. (200 g) Frischkäse
- 1–2 EL Speisestärke
- 3–4 EL Zucker
- 1–2 EL Kirschwasser
- 1 Pck. Vanillezucker

Für den Teig
- 1 Tasse (140 g) Weißmehl
- 1 1/2 TL Backpulver
- 1/2 TL Natron
- 1/2 Tasse (60 g) gehackte Mandeln oder Haselnüsse
- 1/4 Tasse (45 g) brauner oder weißer Zucker
- 1 Pck. Vanillezucker
- 1/4 Tasse (60 ml) Pflanzenöl oder 1/2 Tasse (125 g) weiche Butter oder Margarine
- 1/2–3/4 Tasse (150–180 g) saure Sahne oder Creme fraiche
- 3/4–1 Tasse (ca. 200 g) Brombeeren (frisch oder konserviert)

Für das Baiser
- 1 Prise Salz
- 1 1/4 Tassen (80–100g) Puderzucker
- 2–3 EL Zucker

1 Den Backofen auf 190 °C (Umluft 170 °C) vorheizen.

2 Die Muffinsblechvertiefungen einfetten oder mit Papierbackförmchen auskleiden, die Sie im Haushaltsgeschäft bekommen können.

3 Die Eier trennen. Für die Füllung in einem kleinen Kochtopf die saure Sahne mit dem Frischkäse, der Speisestärke, dem Zucker, dem Kirschwasser und 2 Eigelben zu einer glatten Creme verrühren. Die Masse kurz aufkochen, dann abkühlen.

4 In einer mittelgroßen Schüssel die trockenen Zutaten, d.h. Mehl, Backpulver, das Natron und die Mandeln oder Haselnüsse, sorgfältig vermischen.

5 In einer weiteren großen Schüssel das übriggebliebene Ei leicht verquirlen. Dann Zucker, Öl oder Butter, saure Sahne und die Brombeeren hinzugeben und kurz verrühren. Zuletzt die trockenen Zutaten hinzufügen und vorsichtig unterheben. Auf jeden Fall nur so lange rühren, bis die trockenen Zutaten feucht geworden sind.

6 Für den Baiser-Guss die beiden Eiweiße mit dem Salz steif schlagen. Den Zucker langsam einrieseln und unterrühren.

7 Den Teig in die Muffinsblechvertiefungen einfüllen. Jeweils 1 Esslöffel der Creme darauf geben. Bei 180 °C (Umluft 160 °C) auf mittlerer Schiebeleiste nur ca. 15 Minuten (!) backen. Die Baiser-Masse in einen Spritzbeutel füllen, gleichmäßig auf die vorgebackenen Muffins spritzen und mit etwas Zucker bestreuen. Die Muffins weitere 5 bis 10 Minuten im Backofen weiterbacken. Die Muffins im Backblech 5 bis 10 Minuten ruhen lassen, dann aus den Förmchen nehmen und nach Belieben noch warm servieren.

▶ **Tipp:** Anstelle der Brombeeren können Sie auch andere Obstsorten verwenden. Himbeeren, Erdbeeren, Preiselbeeren oder die aromatisch herben Jostabeeren sind besonders gut geeignet.

Christstollen-Muffins

Für die Füllung
- 3/4 Pck. (150 g) Marzipan-Rohmasse
- 2 EL Puderzucker

Für den Teig
- 1 1/3 Tassen (185 g) Weißmehl
- 2 1/2 TL Backpulver
- 1/2 TL Natron
- 1/2 Tasse (60 g) gemahlene Mandeln
- 1/8 TL gemahlener Kardamon
- 1/8 TL gemahlene Muskatblüte
- 1/2 Tasse (50 g) Orangeat
- 1/2 Tasse (50 g) Zitronat
- 1 Ei
- 1/4 Tasse (45 g) brauner oder weißer Zucker
- 1/3 Tasse (120 g) dickflüssiger Honig
- 1/3 Tasse (80 ml) Pflanzenöl oder 1/2 Tasse (125 g) weiche Butter
- 1/2 Tasse (100 g) Quark
- 1/3–1/2 Tasse (100 g) Buttermilch oder Milch
- 1 Pck. (100 g) Rumrosinen
- 2–3 Tropfen Bittermandel-Backöl (Aromastoff ohne Blausäure)

Zum Beträufeln und Bestreuen
- 1/3 Tasse (85 g) Butter
- 3–4 EL Puderzucker

1 Backofen auf 190 °C (Umluft 170 °C) vorheizen.

2 Die Muffinsblechvertiefungen einfetten oder mit Papierbackförmchen auskleiden, die Sie im Haushaltsgeschäft bekommen können.

3 Für die Füllung die Marzipan-Rohmasse mit dem Puderzucker verkneten. 12 gleich große Kugeln daraus formen.

4 In einer mittelgroßen Schüssel die trockenen Zutaten, d.h. Mehl, Backpulver, Natron, Gewürze, Mandeln, das Orangeat und Zitronat, sorgfältig vermischen.

5 In einer weiteren großen Schüssel das Ei aufschlagen und leicht verquirlen. Dann den Honig, Öl oder Butter, Quark und Buttermilch oder Milch, nach Bedarf die Rumrosinen und das Bittermandelaroma hinzugeben und verrühren. Zuletzt die trockenen Zutaten hinzufügen und unterheben. Nur so lange rühren, bis die trockenen Zutaten feucht sind.

6 Die Hälfte des Teigs in die Muffinsblechvertiefungen einfüllen. Dann je 1 Marzipankugel auf den Teig legen und den restlichen Teig gleichmäßig verteilen. Bei 180 °C (Umluft 160 °C) auf mittlerer Schiebeleiste 20 bis 25 Minuten backen. Die Muffins im Backblech 5 bis 10 Minuten ruhen lassen, dann aus den Förmchen nehmen. Die Butter schmelzen. Die Muffins mit der zerlassenen Butter bestreichen, leicht antrocknen lassen und mit dem restlichen Puderzucker dick bestreuen.

Erdnussbutter-Marmelade-Muffins

Für den Teig
- 1 3/4–2 Tassen (250 g) Weißmehl
- 2 1/2 TL Backpulver
- 1/2 TL Natron
- 1/2 Tasse (60 g) gehackte Erdnüsse (ungesalzen)
- 1 Ei
- 2/3 Tasse (120 g) brauner oder weißer Zucker
- 1/4 Tasse (60 ml) Pflanzenöl oder 1/4–1/2 Tasse (100 g) Butter oder Margarine
- 1/2 Tasse (130 g) Erdnussbutter
- 1–1 1/4 Tassen (250–275 g) Buttermilch

Für die Füllung
- 1/4 Tasse (90 g) Gelee oder Marmelade (Ihre Lieblingssorte!)

Zum Besteuen (wahlweise)
- 3–4 EL gehackte Erdnüsse (ungesalzen)

1 Den Backofen auf 190 °C (Umluft 170 °C) vorheizen.

2 Die Muffinsblechvertiefungen einfetten oder mit Papierbackförmchen auskleiden, die Sie im Haushaltsgeschäft bekommen können.

3 In einer mittelgroßen Schüssel die trockenen Zutaten, d.h. das Mehl, das Backpulver, das Natron und wahlweise die Erdnüsse, sorgfältig vermischen.

4 In einer weiteren großen Schüssel das Ei aufschlagen und ganz leicht verquirlen. Dann Zucker, Öl oder die Butter, die Erdnussbutter und die Buttermilch hinzugeben und sehr gründlich und sorgfältig vermischen.

▶ **Tipp:** Erdnussbutter ist ein typisch amerikanischer Brotaufstrich. Bei uns erhalten Sie sie in Supermärkten. Es gibt sie mit und ohne Erdnussstückchen. In Amerika wird sie mit Johannisbeergelee genossen ...

Falls Sie keine ungesalzenen Erdnüsse finden, dann können Sie auch gesalzene sorgfältig abwaschen und vor dem Backen gut abtrocknen.

5 Zuletzt die trockenen Zutaten beifügen und vorsichtig unterheben, bis sie feucht geworden sind. Den Teig auf keinen Fall zu lange rühren!

6 Den Teig in die Muffinsblechvertiefungen einfüllen und nach Belieben mit gehackten Nüssen bestreuen.

7 Bei 180 °C (Umluft 160 °C) auf der mittleren Schiebeleiste des Backofens 20 bis 25 Minuten backen.

8 Die Muffins im Backblech noch 5 bis 10 Minuten ruhen lassen, dann aus den Förmchen nehmen und nach Belieben noch lauwarm servieren.

Espresso-Creme-Muffins

Für die Füllung

- ▷ **1/2 Tasse (150 g) Frischkäse**
- ▷ **1 TL Instant-Kaffeepulver oder Espresso**
- ▷ **2 EL Puderzucker**
- ▷ **1 TL Kakaopulver**

Für den Teig

- ▷ **1 3/4–2 Tassen (250 g) Weißmehl**
- ▷ **2 1/2 TL Backpulver**
- ▷ **1/2 TL Natron**
- ▷ **1/2 Tasse (70 g) Raspelschokolade**
- ▷ **1 Ei**
- ▷ **2/3 Tasse (120 g) brauner oder weißer Zucker**
- ▷ **1/3 Tasse (80 ml) Pflanzenöl oder 1/2 Tasse (125 g) weiche Butter oder Margarine**
- ▷ **1/2 Tasse (125 ml) Espresso oder starker Kaffee**
- ▷ **1/2–3/4 Tasse (125–175 g) Buttermilch**

Für die Creme und zum Bestreuen

- ▷ **1/2 Tasse (150 g) Frischkäse**
- ▷ **1 EL Instant-Kaffeepulver**
- ▷ **1 Pck. Vanillezucker**
- ▷ **3–4 EL Espresso**
- ▷ **4–5 EL Raspelschokolade**

1 Den Backofen auf 190 °C (Umluft 170 °C) vorheizen. Die Muffinsblechvertiefungen einfetten oder Papierbackförmchen hineinsetzen.

2 Für die Füllung den Frischkäse mit dem Kaffee, dem Puderzucker und dem Kakaopulver zu einer glatten Creme verrühren.

3 In einer mittelgroßen Schüssel die trockenen Zutaten, d.h. das Mehl mit dem Backpulver, dem Natron und der Raspelschokolade, sorgfältig vermischen.

4 In einer weiteren großen Schüssel das Ei leicht verquirlen. Dann den Zucker, Öl oder Butter, den Espresso und die Buttermilch dazugeben und gut verrühren. Die Mehlmischung zum Eigemisch geben und nur so lange rühren, bis die trockenen Zutaten feucht sind.

▶ **Tipp:** Eine abwechslungsreiche Alternative bieten Espresso Coretto-Muffins. Dazu die gebackenen Muffins mit je 1 Teelöffel Sambuca (Anislikör) beträufeln.

5 Die Hälfte des Teigs in die Muffinsblechvertiefungen einfüllen. Dann je 1 Teelöffel der Füllung auf den Teig geben und mit dem restlichen Teig auffüllen. Bei 180 °C (Umluft 160 °C) auf mittlerer Schiebeleiste 20 bis 25 Minuten backen. Die Muffins 5 bis 10 Minuten ruhen lassen, dann aus den Förmchen nehmen und auf einem Kuchengitter abkühlen lassen.

6 Den Frischkäse mit dem Kaffeepulver, dem Vanillezucker und dem Espresso zu einer glatten Creme verrühren, gleichmäßig auf die Muffins streichen und nach Belieben mit Raspelschokolade bestreuen.

Himbeer-Marzipan-Muffins

Für den Teig

- 1 Tasse (120 g) Vollkornmehl
- 1 Tasse (140 g) Weißmehl
- 2 1/2 TL Backpulver
- 1/2 TL Natron
- 1/2 Tasse (60 g) gehackte Mandeln
- 1 Ei
- 1/2 Tasse (90 g) brauner oder weißer Zucker
- 1 Pck. Vanillezucker
- 1/3 Tasse (80 ml) Pflanzenöl oder 1/2 Tasse (125 g) weiche Butter oder Margarine
- 1/4 TL Bittermandel-Backaroma
- 1–1 1/4 Tassen (250–275 g) Jogurt oder Buttermilch

Für die Füllung

- 12 TL Himbeerkonfitüre
- 12 Marzipankugeln (ca. 150 g)

1 Den Backofen auf 190 °C (Umluft 170 °C) vorheizen.

2 Die Muffinsblechvertiefungen einfetten oder mit Papierbackförmchen auskleiden, die Sie im Haushaltsgeschäft bekommen können.

3 In einer mittelgroßen Schüssel die trockenen Zutaten, d. h. Mehl, Backpulver, das Natron und die Mandeln, sehr sorgfältig vermischen.

4 In einer weiteren großen Schüssel das Ei aufschlagen und leicht verquirlen. Den Zucker, das Öl oder die Butter, das Bittermandelaroma und den Jogurt oder die Buttermilch unterrühren.

5 Zuletzt die trockenen Zutaten beifügen und vorsichtig unterheben.

6 Die Hälfte des Teigs in die Muffinsblechvertiefungen einfüllen. Dann jeweils einen Teelöffel der Himbeerkonfitüre und eine Marzipankugel auf den Teig geben und mit dem restlichen Teig auffüllen.

7 Bei 180 °C (Umluft 160 °C) auf der mittleren Schiebeleiste des Backofens 20 bis 25 Minuten backen. Die Muffins im Backblech noch 5 bis 10 Minuten ruhen lassen, dann aus den Förmchen nehmen und nach Belieben noch lauwarm servieren.

▶ **Tipp:** Gehen Sie mit dem Bittermandelaroma sparsam um: Der Geschmack ist sehr intensiv und erschlägt sonst das feine Aroma der Himbeeren.

Limonen-Kokos-Muffins

Zum Trennen

- 3 Eier

Für den Teig

- 1 Tasse (140 g) Weißmehl
- 2 TL Backpulver
- 1/2 TL Natron
- Abgeriebene Schale 1/2 Limone oder Zitrone
- 1/2 Tasse (40 g) Kokosraspel
- 2/3 Tasse (125 g) brauner oder weißer Zucker
- 1/4 Tasse (60 ml) Pflanzenöl oder 1/4–1/2 Tasse (100 g) weiche Butter oder Margarine
- 3/4–1 Tasse (175–200 g) Zitronen- oder Naturjogurt
- Ausgepresster Saft 1/2 Limone oder Zitrone

Für die Füllung

- 1/2 Tasse (150 g) Frischkäse oder Mascarpone
- 1/3 Tasse (60 g) Puderzucker
- Abgeriebene Schale 1/2 Limone oder Zitrone
- Ausgepresster Saft 1/2 Limone oder Zitrone
- 1 Pck. Jamaica-Rumaroma (Dr. Oetker) oder 1 EL Rum (wahlweise)
- 3/4–1 Tasse (70 g) Kokosraspel
- 1 Prise Salz

Zum Bestreuen

- 3–4 EL Kokosraspel

1 Den Backofen auf 190 °C (Umluft 170 °C) vorheizen. Die Muffinsblechvertiefungen einfetten oder Papierbackförmchen hineinsetzen.

2 Zwei Eier aufschlagen; Eigelb und Eiweiß trennen.

3 In einer mittelgroßen Schüssel die trockenen Zutaten, d. h. Mehl, Backpulver, Natron, die Limonenschale und die Kokosraspel, sorgfältig vermischen.

4 In einer weiteren großen Schüssel das Ei aufschlagen und leicht verquirlen. Dann Zucker, Öl oder Butter, den Jogurt und den Limonensaft hinzugeben und kurz verrühren.

5 Zuletzt die trockenen Zutaten hinzufügen und vorsichtig unterheben. Nur so lange rühren, bis die trockenen Zutaten feucht sind.

6 Für die Zitronen-Kokos-Creme den Frischkäse oder Mascarpone mit 2 Eigelben, dem Puderzucker, der Zitronenschale, dem Zitronensaft, wahlweise dem Rum und den Kokosraspeln zu einer glatten Creme verrühren. Die beiden Eiweiße mit dem Salz steif schlagen und vorsichtig unter die Zitronenmasse unterheben.

7 Den Teig in die Muffinsblechvertiefungen einfüllen. Dann die Zitronencreme gleichmäßig auf den Teig verteilen und mit Kokos bestreuen. Bei 180 °C (Umluft 160 °C) auf mittlerer Schiebeleiste 20 bis 25 Minuten backen. Die Muffins im Backblech 5 bis 10 Minuten ruhen lassen, dann aus den Förmchen nehmen und nach Belieben noch warm servieren!

Linzer Muffins

Für den Teig

- **1 3/4–2 Tassen (250 g) Weißmehl**
- **2 1/2 TL Backpulver, 1/2 TL Natron**
- **1 TL Zimt**
- **1/8 TL gemahlene Gewürznelken**
- **1/8 TL gemahlener Kardamon**
- **1/2 Tasse (60 g) grob gemahlene Mandeln**
- **Abgeriebene Schale 1/2 Zitrone**
- **1 Ei**
- **2/3 Tasse (120 g) brauner oder weißer Zucker**
- **1 Pck. Vanillezucker**
- **1/3 Tasse (80 ml) Pflanzenöl oder 1/2 Tasse (125 g) weiche Butter oder Margarine**
- **1–2 EL Zitronensaft**
- **1–1 1/4 Tassen (250–275 g) Buttermilch oder Jogurt**

Für die Füllung

- **12 EL rote Marmelade (z. B. Himbeerkonfitüre oder Johannisbeergelee)**
- **1 EL Himbeergeist**

Zum Bestreuen

- **4–5 EL Puderzucker**

1 Den Backofen auf 190 °C (Umluft 170 °C) vorheizen. Die Muffinsblechvertiefungen gut einfetten und nach Belieben mit Mehl bestäuben. Keine Papierbackförmchen verwenden!

2 In einer mittelgroßen Schüssel die trockenen Zutaten, d. h. Mehl, die Gewürze, die Mandeln und die Zitronenschale, sorgfältig vermischen.

3 In einer weiteren großen Schüssel das Ei aufschlagen und leicht verquirlen. Dann Zucker, Vanillezucker, Öl oder Butter, Zitronensaft und die Buttermilch oder den Jogurt hinzugeben und kurz verrühren.

4 Zuletzt die trockenen Zutaten hinzufügen und vorsichtig unterheben. Nur so lange rühren, bis die trockenen Zutaten feucht geworden sind. Auf keinen Fall den Teig zu lange rühren!

5 Den Teig in die Muffinsblechvertiefungen einfüllen. Bei 180 °C (Umluft 160 °C) auf der mittleren Schiebeleiste des Backofens 20 bis 25 Minuten backen. Die Muffins im Backblech noch 5 bis 10 Minuten ruhen lassen, dann aus den Förmchen nehmen und auf einem Kuchengitter vollständig abkühlen lassen.

6 Mit einem scharfen Messer etwa 1 Zentimeter vom oberen Rand die Muffins quer durchschneiden. Mit kleinen Förmchen verschiedene Ornamente (z. B. Herzchen, Sterne, Monde) aus dem oberen Muffinsteil ausstechen und die »Deckel« dick mit Puderzucker bestreuen.

7 Die Marmelade mit dem Himbeergeist verrühren. Die untere Muffinsstücke mit je einem Esslöffel der Marmelade dick bestreichen. Zuletzt die oberen Muffinshälften darauf setzen.

▶ **Tipp:** Anstatt die Muffins nach dem Backen mit Marmelade zu füllen, können Sie diese auch vor dem Backen als Füllung verwenden. Die Muffins dann nach dem Erkalten mit Puderzucker bestreuen.

Maracuja-Mandel-Muffins

Für die Füllung

- **1/2 Tasse (150 g) Frischkäse**
- **1 Pck. Vanillezucker**

Für den Teig

- **2 Tassen (280 g) Mehl**
- **2 1/2 TL Backpulver**
- **1/2 TL Natron**
- **Abgeriebene Schale 1/2 Zitrone**
- **1/2 Tasse (60 g) gehackte Mandeln**
- **1 Ei**
- **2/3 Tasse (120 g) brauner oder weißer Zucker**
- **1/3 Tasse (80 ml) Pflanzenöl oder 1/2 Tasse (125 g) weiche Butter oder Margarine**
- **3/4 Tasse (200 g) Zitronen- oder Naturjogurt**
- **1/3 Tasse (80 ml) Maracuja- oder Orangensaft**

Für die Füllung und zum Bestreuen

- **12 TL Maracujakonfitüre**
- **3–4 EL gehackte Mandeln**

1 Den Backofen auf 190 °C (Umluft 170 °C) vorheizen.

2 Die Muffinsblechvertiefungen einfetten oder mit Papierbackförmchen auskleiden, die Sie im Haushaltsgeschäft bekommen können.

3 Für die Füllung den Frischkäse mit dem Vanillezucker zu einer glatten Creme verrühren.

4 In einer mittelgroßen Schüssel die trockenen Zutaten, d.h. Mehl, Backpulver, Natron mit der Zitronenschale und den Mandeln, sorgfältig vermischen.

5 In einer weiteren großen Schüssel das Ei aufschlagen und leicht verquirlen. Dann den Zucker, das Öl oder die Butter, den Jogurt und den Saft hinzufügen und gut verrühren.

6 Zuletzt die trockenen Zutaten beifügen und vorsichtig unterheben. Nur so lange rühren, bis die trockenen Zutaten feucht sind.

7 Die Hälfte des Teigs in die Muffinsblechvertiefungen einfüllen. Jeweils einen Teelöffel der Frischkäse-Masse und einen Teelöffel der Konfitüre auf den Teig geben und mit dem restlichen Teig auffüllen. Mit Mandeln bestreuen.

8 Bei 180 °C (Umluft 160 °C) auf mittlerer Schiebeleiste 20 bis 25 Minuten backen. Die Muffins noch 5 bis 10 Minuten im Backblech ruhen lassen, dann aus den Förmchen nehmen und nach Belieben noch warm servieren.

▶ **Tipp:** Anstelle der Maracujakonfitüre können Sie auch andere Marmeladesorten verwenden, z. B. Aprikosen- oder Pfirsichkonfitüre. Die Varianten schmecken allesamt köstlich und sind besonders bei Kindern sehr beliebt. Wenn Sie selbst Marmelade herstellen, planen Sie am besten gleich einige Gläser mehr ein, um immer genug Vorrat für die herbstliche und winterliche Muffinsbäckerei in Ihrer Speisekammer zu haben. Es lohnt sich auf jeden Fall, denn selbst gekochte Marmelade ist einfach ein Gedicht!

Milchreis-Kirsch-Muffins

Für den Teig
- 1 3/4–2 Tassen (250 g) Weißmehl
- 2 1/2 TL Backpulver
- 1/2 TL Natron
- 3/4 Tasse (90 g) gehackte weiße Schokolade oder weiße Kuvertüre
- 1 Ei
- 1/2–3/4 Tasse (100 g) brauner oder weißer Zucker
- 1 Pck. Vanillezucker
- 1/3 Tasse (80 ml) Pflanzenöl oder 1/2 Tasse (125 g) weiche Butter oder Margarine
- 1/2–1/3 Tasse (150 g) Buttermilch oder Milch
- 1 Becher (200 g) Milchreis mit Kirschgeschmack
- 1 Tasse (150 g) Kirschen (entsteint und abgetropft)

Für die Füllung
- 1 Pck. (250 g) Kirsch-Back (Kirschfüllung als Fertigprodukt)

Für den Guss und die Verzierung
- 1 Tasse (150 g) weiße Kuvertüre, in Stücke gehackt
- 1 Pck. Maraschinokirschen (wahlweise)

1 Den Backofen auf 190 °C (Umluft 170 °C) vorheizen.

2 Die Muffinsblechvertiefungen einfetten oder mit Papierbackförmchen auskleiden, die Sie im Haushaltsgeschäft bekommen können.

3 In einer mittelgroßen Schüssel die trockenen Zutaten, d. h. Mehl, Backpulver, Natron, das Zimt und die Schokostückchen, sorgfältig vermischen.

4 In einer weiteren großen Schüssel das Ei aufschlagen und leicht verquirlen. Dann Zucker, Vanillezucker, Öl oder Butter, die Buttermilch oder die Milch und den Milchreis hinzugeben und kurz verrühren.

5 Zuletzt die trockenen Zutaten hinzufügen und vorsichtig unterheben. Nur so lange rühren, bis die trockenen Zutaten feucht geworden sind. Den Teig auf keinen Fall zu lange rühren!

6 Die Hälfte des Teigs in die Muffinsblechvertiefungen einfüllen. Dann jeweils einen Teelöffel der Kirschfüllung auf den Teig geben und mit dem restlichen Teig auffüllen.

7 Bei 180 °C (Umluft 160 °C) auf der mittleren Schiebeleiste des Backofens 20 bis 25 Minuten backen. Die Muffins im Backblech noch 5 bis 10 Minuten ruhen lassen, dann aus den Förmchen nehmen und auf einem Kuchengitter vollständig abkühlen lassen.

8 Für den Guss die Kuvertüre nach der Packungsanweisung in einem heißen Wasserbad schmelzen. Die Muffins darin mit der Oberseite eintauchen, gut abtropfen und leicht antrocknen lassen. Nach Belieben die Maraschinokirschen halbieren und die Muffins hübsch damit verzieren.

▶ **Tipp:** Für dieses Rezept können Sie natürlich auch selbst gekochten Milchreis und frische oder konservierte Sauerkirschen verwenden. In jedem Fall sind diese Muffins eine gehaltvolle Leckerei.

Mokka-Muffins

Für die Füllung

- **1/2 Tasse (150 g) Frischkäse**
- **1–2 EL Mokka oder starker Kaffee**
- **2 EL Puderzucker**

Für den Teig

- **1 3/4–2 Tassen (250 g) Weißmehl**
- **1/2 Tasse (70 g) Raspelschokolade**
- **2 1/2 TL Backpulver**
- **1/2 TL Natron**
- **2 EL Kakaopulver**
- **1 Ei**
- **2/3 Tasse (120 g) brauner oder weißer Zucker**
- **1 Pck. Vanillezucker**
- **1/3 Tasse (80 ml) Pflanzenöl oder 1/2 Tasse (125 g) weiche Butter oder Margarine**
- **1/2 Tasse (125 ml) Mokka oder starker Kaffee**
- **1/2–1/3 Tasse (125–150 g) Buttermilch**

Für die Glasur

- **1 Tasse (140 g) weiße Kuvertüre, in Stücke gehackt**
- **12 Schoko-Mokka-Bohnen**

1 Den Backofen auf 190 °C (Umluft 170 °C) vorheizen.

2 Die Muffinsblechvertiefungen einfetten oder mit Papierbackförmchen auskleiden, die Sie im Haushaltsgeschäft bekommen können.

3 Für die Füllung den Frischkäse mit dem Kaffee und dem Puderzucker zu einer glatten Creme verrühren.

4 In einer mittelgroßen Schüssel die trockenen Zutaten, d.h. das Mehl mit der Raspelschokolade, dem Kakaopulver, dem Backpulver und dem Natron, sorgfältig vermischen.

5 In einer weiteren großen Schüssel das Ei leicht verquirlen. Dann den Zucker, das Pflanzenöl, den Kaffee, die Buttermilch und die Sahne dazugeben und gut verrühren. Die Mehlmischung zum Eigemisch geben und nur so lange rühren, bis die trockenen Zutaten feucht sind.

6 Die Hälfte des Teigs in die Muffinsblechvertiefung einfüllen. Je 1 Teelöffel der Füllung auf den Teig geben und mit dem restlichen Teig auffüllen. Bei 180 °C (Umluft 160 °C) auf mittlerer Schiebeleiste 20 bis 25 Minuten backen. Die Muffins im Backblech 5 bis 10 Minuten ruhen lassen, dann aus den Förmchen nehmen und abkühlen lassen.

7 Die Zartbitterkuvertüre nach Packungsanweisung im heißen Wasserbad schmelzen. Die Muffins in die Glasur eintauchen, leicht antrocknen lassen und mit jeweils einer Mokkabohne verzieren.

▶ **Tipp:** Muffins mit Füllungen sind die Megaüberraschung auf jeder Party. Gefüllte Muffins lassen das Herz jeder Naschkatze höher schlagen. Denken Sie dabei auch an reizvolle Farbkontraste: Eine Frischkäse-Füllung in dunklen Schokoladen-Muffins ergibt zum Beispiel einen echten Aha-Effekt. Überraschen Sie also Ihre kleinen und großen Gäste mit feinen Füllungen. Das Motto lautet: Reinbeißen lohnt sich – ganz bestimmt!

Mohn-Mandel-Muffins

Für den Teig

- **1 3/4–2 Tassen (250 g) Weißmehl**
- **2 1/2 TL Backpulver**
- **1/2 TL Natron**
- **2/3 Tasse (80 g) gehackte Mandeln**
- **1 Ei**
- **1/2–3/4 Tasse (100 g) brauner oder weißer Zucker**
- **1 Pck. Vanillezucker**
- **1/3 Tasse (80 ml) Pflanzenöl oder 1/2 Tasse (125 g) weiche Butter oder Margarine**
- **1 Pck. (100 g) Rumrosinen (wahlweise)**
- **2–3 Tropfen Bittermandelöl**
- **3/4–1 Tasse (200–250 g) Buttermilch oder Milch**

Für die Füllung

- **1 Pck. (250 g) Mohn-Back (Fertigprodukt!)**

Zum Bestreuen

- **3–4 EL gehackte Mandeln**

1 Den Backofen auf 190 °C (Umluft 170 °C) vorheizen.

2 Die Muffinsblechvertiefungen einfetten oder mit Papierbackförmchen auskleiden, die Sie im Haushaltsgeschäft bekommen können.

3 In einer mittelgroßen Schüssel die trockenen Zutaten, d.h. Mehl, das Backpulver und das Natron, sorgfältig vermischen.

4 In einer weiteren großen Schüssel das Ei aufschlagen und leicht verquirlen. Dann den Zucker, den Vanillezucker, Öl oder Butter, die Rumrosinen, das Bittermandelöl und die Buttermilch oder Milch hinzugeben und ganz kurz verrühren.

▶ **Tipp:** Alternativ können Sie die Muffins auch in einem Blech mit 6 rechteckigen Vertiefungen backen. Die Teigmenge ist dieselbe. Die rechteckigen Muffins im »Handy-Format« sind die Muffins-Alternative für den etwas größeren Hunger und lassen sich mit ihrer größeren Oberfläche besonders originell dekorieren.

5 Zuletzt die trockenen Zutaten hinzufügen und vorsichtig unterheben. Nur so lange rühren, bis die trockenen Zutaten feucht sind.

6 Die Hälfte des Teigs in die Muffinsblechvertiefungen einfüllen. Dann jeweils 1–2 Teelöffel der Mohnmasse auf den Teig geben und mit dem restlichen Teig auffüllen. Mit Mandeln bestreuen. Bei 180 °C (Umluft 160 °C) auf mittlerer Schiebeleiste 20 bis 25 Minuten backen. Die Muffins im Backblech 5 bis 10 Minuten ruhen lassen, dann aus den Förmchen nehmen und nach Belieben noch warm servieren!

Nussige Mövenpick-Muffins

Für die Füllung
- **1 Tasse (120 g) Walnusshälften**
- **2 EL Zucker**
- **4–5 EL Ahornsirup oder Mandellikör**

Für den Teig
- **1 3/4–2 Tassen (250 g) Weißmehl**
- **2 1/2 TL Backpulver**
- **1/2 TL Natron**
- **1 Ei**
- **1/4 Tasse (45 g) brauner oder weißer Zucker**
- **1/3 Tasse (100 g) Ahornsirup**
- **1/3 Tasse (80 ml) Pflanzenöl oder 1/2 Tasse (125 g) weiche Butter oder Margarine**
- **1/2 Tasse (125 g) Buttermilch oder Jogurt**
- **1 Tasse (125 g) weiches Mövenpick-Eis (Sorte: Maple Walnut)**

1 Den Backofen auf 190 °C (Umluft 170 °C) vorheizen.

2 Die Muffinsblechvertiefungen einfetten oder mit Papierbackförmchen auskleiden, die Sie im Haushaltsgeschäft bekommen können.

3 Für den Belag 12 Walnusshälften beiseite legen. Für die Füllung die restlichen Walnüsse grob mahlen und mit dem Zucker und mit dem Ahornsirup zu einer homogenen Masse verrühren.

4 In einer mittelgroßen Schüssel die trockenen Zutaten, d. h. Mehl, Backpulver und Natron, sorgfältig vermischen.

5 In einer weiteren großen Schüssel das Ei aufschlagen und leicht verquirlen. Dann den Zucker, dcen Ahornsirup, Öl oder Butter, die Buttermilch oder den Jogurt und das Eis hinzugeben und kurz verrühren. Zuletzt die trockenen Zutaten hinzufügen und sehr vorsichtig unterheben. Nur so lange rühren, bis die trockenen Zutaten feucht geworden sind. Den Teig auf keinen Fall zu lange rühren!

6 Die Hälfte des Teigs in die Muffinsblechvertiefungen einfüllen. Dann jeweils 1–2 Teelöffel der Nussmasse auf den Teig geben und mit dem restlichen Teig auffüllen. Je eine Walnusshälfte auf den Teig legen.

▶ **Tipp:** Alternativ können Sie auch anstelle von 12 runden 6 rechteckige, große Muffins backen, wie Sie sie auf dem nebenstehenden Foto sehen. Die Teigmenge ist dieselbe. Für Kindergeburtstage sind diese etwas größeren Muffins in der echten Kuchenstückgröße sehr beliebt. Dekorieren Sie sie mit Geburtstagskerzen oder auch einmal mit einer farbigen Glasur.

Ahornsirup sollten Sie immer nur in kleinen Mengen kaufen, da er sich nicht lange frisch hält. Eine preiswerte Alternative ist Rübensirup aus heimischer Produktion, den Sie in den beliebten gelben Bechern in jedem Supermarkt erhalten.

7 Bei 180 °C (Umluft 160 °C) auf mittlerer Schiebeleiste 20 bis 25 Minuten backen. Die Muffins im Backblech noch 5 bis 10 Minuten ruhen lassen, dann aus den Förmchen nehmen und nach Belieben noch warm servieren!

Nutella-Creme-Muffins

Für die Füllung
- 1/4 Tasse (75 g) Frischkäse
- 1/2 Tasse (100 g) Nutella-Brotaufstrich
- 1–2 EL Milch

Für den Teig
- 1 3/4–2 Tassen (250 g) Weißmehl
- 2 1/2 TL Backpulver
- 1/2 TL Natron
- 1/2 Tasse (60 g) gehackte Haselnüsse
- 2 EL Kakaopulver
- 1 Ei
- 1/2 Tasse (90 g) brauner oder weißer Zucker
- 1/3 Tasse (80 ml) Pflanzenöl
- 3/4–1 Tasse (200 g) Buttermilch
- 1/2 Tasse (100 g) Nutella

Für die Füllung
- 12 TL Nutella

Für den Guss
- 1/2 Tasse (100 g) Nutella
- 1/2 Tasse (150 g) Frischkäse
- 4 EL Milch
- 3 EL Puderzucker

Zum Bestreuen
- 3–4 EL gehackte Haselnüsse

1 Den Backofen auf 190 °C (Umluft 170 °C) vorheizen.

2 Die Muffinsblechvertiefungen einfetten oder mit Papierbackförmchen auskleiden, die Sie im Haushaltsgeschäft bekommen können.

3 Für die Füllung den Frischkäse mit dem Nutella und der Milch glatt rühren.

4 In einer mittelgroßen Schüssel die trockenen Zutaten, d. h. das Mehl mit dem Backpulver, dem Natron, den Nüssen und dem Kakao, sorgfältig vermischen.

5 In einer weiteren großen Schüssel das Ei leicht verquirlen. Dann den Zucker, das Öl oder die Butter, die Buttermilch und das Nutella hinzufügen und gründlich miteinander verrühren. Die Mehlmischung dazugeben und auf jeden Fall nur so lange rühren, bis die trockenen Zutaten feucht geworden sind.

6 Die Hälfte des Teigs in den Muffinsblechvertiefungen einfüllen. Dann je 1 Teelöffel der Füllung auf den Teig geben und mit dem restlichen Teig auffüllen. Bei 180 °C (Umluft 160 °C) auf mittlerer Schiebeleiste 20 bis 25 Minuten backen. Die Muffins im Backblech 5 bis 10 Minuten ruhen lassen, dann aus den Förmchen nehmen und auf einem Kuchengitter abkühlen lassen.

7 Für den Guss das Nutella mit dem Frischkäse, der Milch und dem Puderzucker zu einer glatten Creme verrühren. Die Masse gleichmäßig auf die Muffins streichen und mit gehackten Haselnüssen bestreuen.

► **Tipp:** Anstelle der Nutella-Frischkäse-Füllung können Sie auch nur 1–2 Teelöffel Nutella verwenden.

Pfirsich-Mandel-Muffins

Für die Füllung und die Streusel

- **1/2 Tasse (125 g) geschmolzene Butter oder Margarine**
- **1 1/4 Tassen (150 g) gemahlene Mandeln**
- **1 Pck. Vanillezucker**
- **1/3 Tasse (45 g) Weißmehl**

Für den Teig

- **1 3/4–2 Tassen (250 g) Weißmehl**
- **2 1/2 TL Backpulver**
- **1/2 TL Natron**
- **1 Ei**
- **2/3 Tasse (120 g) brauner oder weißer Zucker**
- **1 Pck. Vanillezucker**
- **1/3 Tasse (80 ml) Pflanzenöl oder 1/2 Tasse (125 g) weiche Butter oder Margarine**
- **3/4–1 Tasse (ca. 225 g) Buttermilch oder Milch**
- **2–3 Tropfen Bittermandel-Backaroma**
- **1 Tasse (250 g) Pfirsiche, in Stückchen**

1 Den Backofen auf 190 °C (Umluft 170 °C) vorheizen.

2 Die Muffinsblechvertiefungen einfetten oder mit Papierbackförmchen auskleiden, die Sie im Haushaltsgeschäft bekommen können.

3 Für die Füllung und den Belag die Butter mit den Mandeln und dem Vanillezucker zu einer glatten Masse verrühren. Die Hälfte der Masse für die Füllung beiseite stellen. Für die Streusel unter die restliche Mandelmasse das Mehl verkneten.

4 In einer mittelgroßen Schüssel die trockenen Zutaten, d.h. Mehl, das Backpulver und das Natron, sorgfältig vermischen.

5 In einer weiteren großen Schüssel das Ei aufschlagen und leicht verquirlen. Dann Zucker, Vanillezucker, Öl oder Butter, Buttermilch oder Milch, Bittermandelaroma und die Pfirsichstückchen hinzugeben und kurz verrühren. Zuletzt die trockenen Zutaten hinzufügen und vorsichtig unterheben. Nur so lange rühren, bis die trockenen Zutaten feucht sind.

6 Die Hälfte des Teigs in die Vertiefungen des Muffinsblechs einfüllen. Dann jeweils 1 Teelöffel der Mandelmasse auf den Teig geben und mit dem restlichen Teig auffüllen. Mit der restlichen Mandelmasse bestreuen. Bei 180 °C (Umluft 160 °C) auf der mittleren Schiebeleiste des Backofens 20 bis 25 Minuten backen. Die Muffins im Backblech noch 5 bis 10 Minuten ruhen lassen, dann aus den Förmchen nehmen und nach Belieben noch warm servieren!

▶ **Tipp:** Anstelle der Mandelfüllung könne Sie auch 100 Gramm fertige Marzipan-Rohmasse verwenden. Wenn Sie das Marzipan selbst herstellen wollen, brauchen Sie gemahlene Mandeln, die Sie mindestens noch einmal durch die Mandelmühle drehen, die gleiche Menge Puderzucker und etwas Rosenwasser (Apotheke). Die Zutaten werden dann mit zuvor sehr, sehr gründlich gewaschenen Händen verknetet. Die Herstellung von eigenem Marzipan ist eine mühsame Angelegenheit, aber der Aufwand lohnt sich!

Pralinen-Muffins

Für die Füllung und den Belag

- **12 oder 24 Pralinen (ohne flüssige Füllung, Ihre Lieblingssorte!)**

Für den Teig

- **1 3/4–2 Tassen (250 g) Weißmehl**
- **2 1/2 TL Backpulver**
- **1/2 TL Natron**
- **2 EL Kakaopulver**
- **1 Ei**
- **1/2 Tasse (90 g) brauner oder weißer Zucker**
- **1/3 Tasse (80 ml) Pflanzenöl oder 1/2 Tasse (125 g) weiche Butter oder Margarine**
- **3/4–1 Tasse (225–250 g) Buttermilch**

Für die Glasur

- **1 Tasse (140 g) Vollmilch- oder Zartbitterkuvertüre, in Stücke gehackt**

1 Den Backofen auf 190 °C (Umluft 170 °C) vorheizen.

2 Die Muffinsblechvertiefungen einfetten oder mit Papierbackförmchen auskleiden, die Sie im Haushaltsgeschäft bekommen können.

3 Nach Belieben 12 Pralinen für die Verzierung beiseite legen.

4 In einer mittelgroßen Schüssel die trockenen Zutaten, d. h. das Mehl mit dem Backpulver, dem Natron und dem Kakaopulver, sorgfältig vermischen.

5 In einer weiteren großen Schüssel das Ei ganz leicht verquirlen. Dann den Zucker, Öl oder Butter und die Buttermilch dazugeben und sehr gründlich verrühren.

6 Die Mehlmischung zum Eigemisch in die große Schüssel geben und nur so lange rühren bis die trockenen Zutaten feucht geworden sind. Den Teig auf keinen Fall zu lange rühren!

7 Die Hälfte des Teigs in die Muffinsblechvertiefungen einfüllen. Je eine Praline als Füllung auf den Teig geben und mit dem restlichen Teig auffüllen.

8 Bei 180 °C (Umluft 160 °C) auf der mittleren Schiebeleiste des Backofens 20 bis 25 Minuten backen. Die Muffins im Backblech noch 5 bis 10 Minuten ruhen lassen, dann aus den Förmchen nehmen und auf einem Kuchengitter vollständig abkühlen lassen.

9 Die Kuvertüre nach Packungsanweisung in einem heißen Wasserbad schmelzen. Die Muffins in die Kuvertüre eintauchen, leicht antrocknen lassen und nach Belieben mit jeweils einer Praline verzieren.

Tropical-Island-Muffins

Für den Teig

- **1 1/4 Tassen (300 g) Tropic-Früchte aus der Dose (z. B. Mangos, Litschis oder Rambutan-Früchte)**
- **1 3/4–2 Tassen (250 g) Weißmehl**
- **2 1/2 TL Backpulver**
- **1/2 TL Natron**
- **1/2 Tasse (50 g) Kokosraspel**
- **1 Ei**
- **2/3 Tasse (120 g) brauner oder weißer Zucker**
- **1/3 Tasse (80 ml) Pflanzenöl oder 1/2 Tasse (125 g) weiche Butter oder Margarine**
- **3/4 Tasse (185 g) Jogurt**

Für die Füllung

- **1 Pck. (200 g) Mascarpone (ital. Frischkäse)**
- **1/2 Tasse (50 g) Kokosraspel**
- **4 EL Puderzucker**

1 Den Backofen auf 190 °C (Umluft 170 °C) vorheizen.

2 Die Muffinsblechvertiefungen einfetten oder mit Papierbackförmchen auskleiden, die Sie im Haushaltsgeschäft bekommen können.

3 In einer mittelgroßen Schüssel die trockenen Zutaten, d. h. Mehl, Backpulver, das Natron und die Kokosraspel, sorgfältig vermischen.

4 Das Obst aus der Dose in einem Sieb gut abtropfen. Den Saft für den Teig auffangen und auf 1/3–1/2 Tasse (100 ml) abmessen. Die Früchte klein schneiden, davon ca. 50 Gramm für die Verzierung beiseite legen.

5 In einer weiteren großen Schüssel das Ei aufschlagen und leicht verquirlen. Dann Zucker, Öl oder Butter, den Jogurt, den Saft und die Fruchtstückchen hinzugeben und kurz verrühren. Zuletzt die trockenen Zutaten hinzufügen und vorsichtig unterheben. Nur so lange rühren, bis die trockenen Zutaten feucht sind.

6 Den Teig in die Muffinsblechvertiefungen einfüllen. Bei 180 °C (Umluft 160 °C) auf mittlerer Schiebeleiste 20 bis 25 Minuten backen. Die Muffins im Backblech 5 bis 10 Minuten ruhen lassen, dann aus den Förmchen nehmen und auf einem Kuchengitter abkühlen lassen. Die Muffins mit einem scharfen Messer jeweils quer durchschneiden.

7 Für die Füllung den Mascarpone mit den Kokosraspeln und dem Zucker zu einer glatten Creme verrühren. Die Creme in einen Spritzbeutel füllen und auf die unteren Muffinshälften spritzen. Die oberen Hälften daraufsetzen. Die restliche Creme auf die Muffins streichen und mit den restlichen Früchten hübsch verzieren.

▶ **Tipp:** Wenn Sie lieber frische Früchte (z. B. Mangos) verwenden möchten, dann können Sie die Auffangflüssigkeit durch Fruchtsaft (z. B. Orangensaft) ersetzen. Allerdings ist für die Muffinsbäckerei in den meisten Fällen Dosenobst guter Qualität, das nicht zu stark gezuckert ist, bestens geeignet. Es hat den Vorteil, dass man für spontane Bäckereien immer einen kleinen Vorrat zur Hand haben kann, und dass es zu jeder Jahreszeit zur Verfügung steht.

Tutti Frutti-Creme-Muffins

Für den Teig

- **1 3/4–2 Tassen (250 g) Weißmehl**
- **2 1/2 TL Backpulver**
- **1/2 TL Natron**
- **1 Pck. (40 g) Vanillepuddingpulver**
- **1 Ei**
- **2/3 Tasse (120 g) brauner oder weißer Zucker**
- **1 Pck. Vanillezucker**
- **1/3 Tasse (80 ml) Pflanzenöl oder 1/2 Tasse (125 g) weiche Butter oder Margarine**
- **1 Tasse (250 g) Buttermilch oder Jogurt**
- **1 Tasse (250 g) Früchtecocktail (aus der Dose, abgetropft)**

Für die Füllung

- **1 1/3 Tassen (330 ml) Milch**
- **1 Pck. (40 g) Vanillepuddingpulver**
- **2 EL Zucker**
- **1 1/2 EL Rum (nach Belieben)**

1 Den Backofen auf 190 °C (Umluft 170 °C) vorheizen.

2 Die Muffinsblechvertiefungen einfetten oder mit Papierbackförmchen auskleiden, die Sie im Haushaltsgeschäft bekommen können.

3 In einer mittelgroßen Schüssel die trockenen Zutaten, d. h. Mehl, das Backpulver und das Natron, sorgfältig vermischen.

4 In einer weiteren großen Schüssel das Ei aufschlagen und leicht verquirlen. Dann Zucker, Vanillezucker, Öl oder Butter, die Buttermilch oder den Jogurt und die Früchte hinzugeben und kurz verrühren. Zuletzt die trockenen Zutaten hinzufügen und vorsichtig unterheben. Nur so lange rühren, bis die trockenen Zutaten feucht sind.

▶ **Tipp:** Alternativ können Sie die Muffins auch mit 1 Tasse (140 Gramm) weißer Kuvertüre glasieren und mit Früchten hübsch verzieren. Auf dem Foto rechts stellen wir Ihnen diese Variante mit rechteckigen »Handy-Muffins« vor.

5 Für die Creme das Puddingpulver mit 3 Esslöffel Milch glatt rühren. In einem Topf die Milch erhitzen, das Puddingpulver unterrühren. Den Pudding aufkochen, dann den Zucker unterrühren. Die Masse leicht abkühlen lassen. Nach Belieben den Rum unterrühren.

6 Die Hälfte des Teigs in die Muffinsblechvertiefungen einfüllen. Dann je 1–2 Teelöffel der Puddingcreme auf den Teig geben und mit dem restlichen Teig auffüllen. Bei 180 °C (Umluft 160 °C) auf mittlerer Schiebeleiste 20 bis 25 Minuten backen. Die Muffins im Backblech 5 bis 10 Minuten ruhen lassen, dann aus den Förmchen nehmen und nach Belieben noch warm servieren.

Grundrezept Muffins mit Allerlei

Für den Teig

- 1 3/4–2 Tassen (250 g) Weißmehl
- 2 1/2 TL Backpulver
- 1/2 TL Natron
- 1 Ei
- 2/3 Tasse (120 g) brauner oder weißer Zucker
- 1 Pck. Vanillezucker
- 1/3 Tasse (80 ml) Pflanzenöl oder 1/2 Tasse (125 g) weiche Butter oder Margarine
- 1 Tasse (250 g) Buttermilch oder Milch

Variante I

- 1/2 Tasse (60 g) gehackte Mandeln oder Haselnüsse
- 1/2 Tasse (60 g) Rumrosinen
- 2 EL Orangenlikör (nach Belieben)

Variante II

- 1/2 Tasse (70 g) Schokostückchen
- 2 EL Kakaopulver
- 2 EL Zucker
- 2 EL Milch

Variante III

- 1/2 Tasse (60 g) gemahlene Haselnüsse
- 2 EL Rum oder Weinbrand
- 4 EL Milch

Variante IV

- Abgeriebene Schale 1/2 Zitrone
- 2 EL Zitronensaft
- 2–3 EL Zitronat (wahlweise)

1 Den Backofen auf 190 °C (Umluft 170 °C) vorheizen.

2 Die Muffinsblechvertiefungen einfetten oder mit Papierbackförmchen auskleiden, die Sie im Haushaltsgeschäft bekommen können.

3 In einer mittelgroßen Schüssel die trockenen Zutaten, d. h. Mehl, Backpulver, das Natron und die trockenen Zutaten der Varianten, sorgfältig vermischen.

4 In einer weiteren großen Schüssel das Ei aufschlagen und ganz leicht verquirlen. Dann Zucker, Vanillezucker, Öl oder Butter, die Buttermilch oder Milch und die feuchten Zutaten der Varianten hinzugeben und kurz verrühren.

5 Zuletzt die trockenen Zutaten hinzufügen und sehr vorsichtig unterheben. Nur so lange rühren, bis die trockenen Zutaten feucht sind. Den Teig auf keinen Fall zu lange rühren.

6 Den Teig in die Muffinsblechvertiefungen einfüllen. Bei 180 °C (Umluft 160 °C) auf der mittleren Schiebeleiste des Backofens 20 bis 25 Minuten backen.

7 Die Muffins im Backblech noch 5 bis 10 Minuten ruhen lassen, dann aus den Förmchen nehmen und nach Belieben noch warm servieren.

► **Tipp:** Mit Muffins geht beinahe alles! Probieren Sie die Rezepte einfach aus, und lassen Sie sich zu eigenen fantasievollen Kreationen anregen. Ob süßsauer, exotischscharf oder herzhaftfrisch: Raffinierten Muffins-Variationen sind fast keine Grenzen gesetzt – nur Ihr Geschmack und der Ihrer Familie und Gäste entscheidet.

Kombinieren Sie die Zutaten nach Lust und Laune!

Caprisonne-Jaffa-Cake-Muffins

Für den Teig und die Verzierung

- **1 Pck. (300 g) Jaffa-Cakes (24 Stck) (Eiergebäck mit Orangenfüllung)**

Für den Teig

- **1 3/4–2 Tassen (250 g) Weißmehl**
- **2 1/2 TL Backpulver**
- **1/2 TL Natron**
- **Abgeriebene Schale 1/2 Orange**
- **1 Ei**
- **2/3 Tasse (120 g) brauner oder weißer Zucker**
- **1/3 Tasse (80 ml) Pflanzenöl oder 1/2 Tasse (125 g) weiche Butter oder Margarine**
- **3/4 Tasse (185 g) Jogurt oder saure Sahne**
- **Ausgepresster Saft 1 Orange**
- **1/4–1/2 Tasse (100 ml) Capri-Sonne oder ein anderes Orangenfruchtgetränk**

Für den Guss

- **1 3/4 Tassen (140 g) Puderzucker**
- **2–3 EL Capri-Sonne**

1 Den Backofen auf 190 °C (Umluft 170 °C) vorheizen.

2 Die Muffinsblechvertiefungen einfetten oder mit Papierbackförmchen auskleiden, die Sie im Haushaltsgeschäft bekommen können.

3 12 Jaffa-Cakes für die Dekoration beiseite legen. Die restlichen Jaffa-Cakes in grobe Stücke schneiden.

4 In einer mittelgroßen Schüssel die trockenen Zutaten, d.h. Mehl, Backpulver, Natron, die Orangenschale und die Jaffa-Cakestückchen, sehr sorgfältig vermischen.

5 In einer weiteren großen Schüssel das Ei aufschlagen und leicht verquirlen. Dann Zucker, Öl oder Butter, Jogurt oder saure Sahne, den Orangensaft und die Capri-Sonne hinzugeben und kurz verrühren.

6 Zuletzt die trockenen Zutaten hinzufügen und vorsichtig unterheben. Nur so lange rühren, bis die trockenen Zutaten feucht geworden sind.

7 Den Teig in die Muffinsblechvertiefungen einfüllen. Bei 180 °C (Umluft 160 °C) auf der mittleren Schiebeleiste des Backofens 20 bis 25 Minuten backen. Die Muffins im Backblech noch 5 bis 10 Minuten ruhen lassen, dann aus den Förmchen nehmen und auf einem Kuchengitter vollständig abkühlen lassen.

8 Für die Glasur den Puderzucker mit der Capri-Sonne glatt rühren. Die Muffins einzeln darin eintauchen, abtropfen und mit den restlichen Jaffa-Cakes verzieren.

▶ **Tipp:** Mit Frühstückscerealien lassen sich die feinsten Muffinsvariationen herstellen. Probieren Sie es einmal mit Cini-Mini (1 1/2 Tassen) als trockener Zutat und mit Zimt als Gewürz! Wer Zimt mag, wird diese Muffins lieben.

Auch mit Corn Flakes und anderen Frühstücksflocken lassen sich tolle Knusper-Muffins zaubern, die immer wieder neu und überraschend schmecken.

Coca Cola-Muffins

Für den Teig und die Verzierung

- **1 Tasse (ca. 200 g) Cola-Fläschchen (Fruchtgummis)**

Für den Teig

- **2 Tassen (280 g) Weißmehl**
- **2 1/2 TL Backpulver**
- **1/2 TL Natron**
- **1/2 Tasse (60 g) gehackte Pecan- oder Walnüsse**
- **1 Ei**
- **2/3 Tasse (120 g) brauner oder weißer Zucker**
- **1/3 Tasse (80 ml) Pflanzenöl oder 1/2 Tasse (125 g) weiche Butter oder Margarine**
- **1/2 Tasse (100 g) saure Sahne oder Jogurt**
- **3/4–1 Tasse (200 ml) Cola-Getränk**

Für den Guss

- **1 3/4 Tassen (140 g) Puderzucker**
- **2–3 EL Coca-Cola**
- **2 EL weiche Butter**

1 Den Backofen auf 190 °C (Umluft 170 °C) vorheizen.

2 Die Muffinsblechvertiefungen einfetten oder mit Papierbackförmchen auskleiden, die Sie im Haushaltsgeschäft bekommen können.

3 Zwölf Cola-Fläschchen für die Verzierung beiseite legen; die restlichen Fruchtgummis klein schneiden.

4 In einer mittelgroßen Schüssel die trockenen Zutaten, d.h. Mehl, Backpulver, Natron, die Nüsse und die Fruchtgummistückchen, sorgfältig vermischen.

5 In einer weiteren großen Schüssel das Ei aufschlagen und leicht verquirlen. Dann Zucker, Öl oder Butter, saure Sahne oder Jogurt und die Cola hinzugeben und kurz verrühren.

6 Zuletzt die trockenen Zutaten hinzufügen und vorsichtig unterheben. Nur so lange rühren, bis die trockenen Zutaten feucht geworden sind. Auf keinen Fall den Teig zu lange rühren!

7 Den Teig in die Muffinsblechvertiefungen einfüllen. Bei 180 °C (Umluft 160 °C) auf mittlerer Schiebeleiste 20 bis 25 Minuten backen.

8 Die Muffins im Backblech noch 5 bis 10 Minuten ruhen lassen, dann aus den Förmchen nehmen und auf einem Kuchengitter abkühlen lassen.

9 Für die Glasur den Puderzucker mit der Cola und der Butter glatt rühren. Die Glasur gleichmäßig auf die Oberseite der Muffins streichen, leicht antrocknen lassen und mit je 1 Cola-Fläschchen verzieren.

▶ **Tipp:** Nach Belieben können Sie dem Teig und dem Guss jeweils noch 2 Esslöffel Kakaopulver hinzufügen, dann wird er schön dunkel. Anstelle der Cola können Sie auch andere Getränkesorten wie Spezi verwenden.

Auch diese Muffins eignen sich, wie Sie auf dem Foto sehen, gut für das Backen in der größeren XXL-Rechteckform. Muffins im Handy-Format sind – entsprechend dekoriert – ein Partyhit.

Eiskaffee-Muffins

Für den Teig

- **2 Tassen (280 g) Weißmehl**
- **2 1/2 TL Backpulver**
- **1/2 TL Natron**
- **1 Ei**
- **2/3 Tasse (120 g) brauner oder weißer Zucker**
- **1/3 Tasse (80 ml) Pflanzenöl oder 1/2 Tasse (125 g) weiche Butter oder Margarine**
- **1/2 Tasse (125 g) saure Sahne (Schmant) oder Sauermilch**
- **1/2 Tasse (100 g) Vanilleeis**
- **1/3–1/2 Tasse (100 ml) starker kalter Kaffee oder Espresso**

Für die Verzierung

- **1/2 Tasse (125 ml) Schlagsahne**
- **3–4 EL Schokostreusel (nach Belieben)**

1 Den Backofen auf 190 °C (Umluft 170 °C) vorheizen.

2 Die Muffinsblechvertiefungen einfetten oder mit Papierbackförmchen auskleiden, die Sie im Haushaltsgeschäft bekommen können.

3 In einer mittelgroßen Schüssel die trockenen Zutaten, d.h. Mehl, das Backpulver und das Natron, sorgfältig vermischen.

4 In einer weiteren großen Schüssel das Ei aufschlagen und ganz leicht verquirlen. Dann den Zucker, Öl oder Butter, die saure Sahne, das Vanilleeis und den Kaffee hinzugeben und kurz verrühren.

5 Zuletzt die trockenen Zutaten hinzufügen und sehr vorsichtig unterheben. Nur so lange rühren, bis die trockenen Zutaten feucht geworden sind. Den Teig sollten Sie auf keinen Fall zu lange rühren!

6 Den Teig in die Muffinsblechvertiefungen einfüllen. Bei 180 °C (Umluft 160 °C) auf mittlerer Schiebeleiste 20 bis 25 Minuten backen.

7 Die Muffins im Backblech 5 bis 10 Minuten ruhen lassen, dann aus den Förmchen nehmen und auf einem Kuchengitter vollständig abkühlen lassen.

8 Die Schlagsahne steif schlagen und gleichmäßig auf die Muffins verteilen. Nach Belieben mit Schokostreusel bestreuen.

▶ **Tipp:** Muffins zum Kaffee – Muffins mit Kaffee: eine Kombination, die immer passt, wenn Sie gemütlich mit Gästen zusammensitzen wollen. Probieren Sie auch einmal die folgende leckere Variante der Kaffee-Muffins: 50 Gramm Marzipanmasse ersetzen das Vanilleeis, 150 Gramm Buttermilch die saure Sahne, und Sie brauchen 125 Milliliter starken Kaffee. Mit diesen Zutaten werden die Muffins wie gewohnt zubereitet und gebacken.

Ein Guss aus 140 Gramm Puderzucker und 2 bis 3 Esslöffeln starkem Kaffee dient zur Verzierung und schmeckt wunderbar, und wenn Sie wollen, können Sie Ihre Marzipan-Kaffee-Muffins noch mit kleinen Marzipan-Figuren verschönern. Der Erfolg ist Ihnen gewiss.

Englische Tee-Muffins

Zum Einweichen

- **1/2 Tasse (60 g) Rosinen**

Für den Teig

- **1 3/4 Tasse (250 g) Weißmehl**
- **1/2 Päckchen (10 g) Trockenhefe**
- **1/4 Tasse (45 g) Zucker**
- **1 Prise Salz**
- **1/2–2/3 Tasse (150 ml) lauwarme Milch**
- **1 Ei**
- **1/4 Tasse (60 ml) Pflanzenöl oder 1/3 Tasse (80 g) weiche Butter oder Margarine**

Zum Bestreichen

- **1 Eigelb, verquirlt**

1 Den Backofen auf 190 °C (Umluft 170 °C) vorheizen. Die Muffinsblechvertiefungen einfetten. Bei diesem Rezept sollten Sie keine Papierbackförmchen verwenden!

2 Die Rosinen mit heißem Wasser übergießen und einweichen. Später das Wasser abgießen und nicht weiter verwenden.

3 In einer mittelgroßen Schüssel das Mehl hineinsieben. In die Mitte eine Mulde eindrücken. Die Hefe mit 1 Esslöffel Zucker und der Hälfte der lauwarmen Milch verrühren. Die Masse in die Mehlmulde gießen und mit etwas Mehl bestäuben. Den Hefeteig auf die Heizung stellen und etwa eine Viertelstunde gehen lassen.

4 Die restliche Milch und den restlichen Zucker, das Ei, das Öl oder die Butter zum Teig hinzufügen und zu einem glatten Hefeteig kneten. Den Teig auf der Heizung eine Dreiviertelstunde gehen lassen. In dieser Zeit verdoppelt sich das Volumen des Teigs. Zum Schluss die Rosinen beigeben und alles noch einmal gründlich verkneten.

5 Den Teig in 12 gleich große Stücke aufteilen, diese zu kleinen Kugeln formen und in die Muffinsblechvertiefungen legen. Die Teigteile mit dem Eigelb bestreichen.

6 Bei 180 °C (Umluft 160 °C) auf der mittleren Schiebeleiste des Backofens 20 bis 25 Minuten backen. Die Muffins im Backblech noch 5 bis 10 Minuten ruhen lassen, dann aus den Förmchen nehmen und ganz nach Belieben noch lauwarm zum Tee servieren.

▶ **Tipp:** Bereits im 18. Jahrhundert verkauften so genannte »muffin men« (Muffin-Männer) frische Muffins früh am Morgen auf den Straßen Englands. Dabei handelte es sich um ein Hefeteiggebäck, das bis heute noch in Großbritannien mit Butter und Orangenmarmelade zum 5-Uhr-Tee gereicht wird. Es handelt sich dabei nicht um die Muffins, die wir aus Amerika kennen, aber auch diese Variante – sozusagen die Urgroßeltern unserer Muffins – schmeckt ganz köstlich.

Tee-Muffins sind ein beliebtes Gebäck für den gemütlichen Teenachmittag mit Freundinnen. Aber in England trinkt man Tee bei jeder Gelegenheit – und auch diese Muffins können Sie immer und überall servieren: Man wird Ihnen Komplimente machen.

Erdnussbutter-Schoko-Muffins

Für den Teig

- **3/4 Tasse (90 g) Vollkornmehl**
- **1 Tasse (140 g) Weißmehl**
- **2 1/2 TL Backpulver**
- **1/2 TL Natron**
- **1/2 Tasse (70 g) Schokostückchen (z.B. Schokotröpfchen von Schwartau)**
- **1 Ei**
- **2/3 Tasse (120 g) brauner oder weißer Zucker**
- **1/4 Tasse (60 ml) Pflanzenöl oder 1/4–1/2 Tasse (100 g) weiche Butter oder Margarine**
- **1/2 Tasse (130 g) Erdnussbutter**
- **1–1 1/4 Tassen (275 g) Buttermilch**

Für die Glasur und zum Bestreuen

- **1/2 Tasse (130 g) Erdnussbutter**
- **2 EL weiche Butter oder Margarine**
- **4–5 EL Honig**
- **1/2 Tasse (70 g) gehackte Schokolade oder Kuvertüre (wahlweise)**
- **3–4 EL ungesalzene, geschälte Erdnüsse (wahlweise)**

1 Den Backofen auf 190 °C (Umluft 170 °C) vorheizen.

2 Die Muffinsblechvertiefungen einfetten oder mit Papierbackförmchen auskleiden, die Sie im Haushaltsgeschäft bekommen können.

3 In einer mittelgroßen Schüssel die trockenen Zutaten, d.h. Mehl, Backpulver, das Natron und die Schokostückchen, sorgfältig vermischen.

4 In einer weiteren großen Schüssel das Ei aufschlagen und ganz leicht verquirlen. Dann den Zucker, das Öl oder die Butter, die Erdnussbutter und die Buttermilch hinzugeben und gründlich verrühren.

5 Zuletzt die trockenen Zutaten beifügen und vorsichtig unterheben, bis sie feucht geworden sind. Den Teig sollten Sie auf keinen Fall zu lange rühren!

6 Den Teig in die Muffinsblechvertiefungen einfüllen. Bei 180 °C (Umluft 160 °C) auf der mittleren Schiebeleiste des Backofens 20 bis 25 Minuten backen.

7 Die Muffins im Backblech 5 bis 10 Minuten ruhen lassen, dann aus den Förmchen nehmen und nach Belieben noch lauwarm servieren.

8 Für den Guss die Erdnussbutter in einen kleinen Topf geben und zusammen mit der Butter und dem Honig kurz aufkochen. Die Masse leicht abkühlen lassen und dann gleichmäßig auf die Muffins streichen. Nach Belieben die Schokolade im heißen Wasserbad schmelzen, auf die Muffins tröpfeln und mit gehackten Nüssen bestreuen.

▶ **Tipp:** Wenn Sie keine ungesalzenen Erdnüsse bekommen können, geht es auch mit gesalzenen Nüssen, die Sie kurz mit heißem Wasser abwaschen und abtrocknen.

Erdnussbutter, den liebsten Brotaufstrich amerikanischer Kinder, bekommen Sie inzwischen auch bei uns in gut sortierten Supermärkten.

Karamell-Muffins

Für den Teig
- ▷ **1 3/4–2 Tassen (250 g) Weißmehl**
- ▷ **3 TL Backpulver**
- ▷ **1/4 TL Muskat**

Für das Karamell
- ▷ **1/4 Tasse (45 g) Zucker**
- ▷ **1/2 Tasse (125 ml) Wasser**
- ▷ **1/4 Tasse (65 g) Butter oder Margarine**
- ▷ **1/2 Tasse (90 g) Zucker**
- ▷ **2 Eigelbe, verquirlt**
- ▷ **1 Tasse (250 g) Buttermilch oder Milch**
- ▷ **2 Eiweiß**
- ▷ **1 Prise Salz**

Für die Füllung
- ▷ **12 weiche Milch-Karamellbonbons (Ihre Lieblingssorte, z. B. »Meine kleine Kuh«)**

1 Den Backofen auf 190 °C (Umluft 170 °C) vorheizen.

2 Die Muffinsblechvertiefungen einfetten oder mit Papierbackförmchen auskleiden, die Sie im Haushaltsgeschäft bekommen können.

► **Tipp:** Wenn Sie lieber eine schokoladige Variante mögen, geben Sie noch etwas Kakaopulver in den Teig, und verwenden Sie Schoko-Karamellbonbons (z. B. Storck Schoko-Riesen). Das Ergebnis wird Sie und Ihre Gäste ebenso begeistern wie die im Rezept beschriebene Grundversion. Kinder lieben aller Erfahrung nach beide Versionen.

3 In einer mittelgroßen Schüssel die trockenen Zutaten, d. h. das Mehl mit dem Backpulver, dem Natron und dem Muskat, sorgfältig vermischen.

4 Den Zucker in einem kleinen Topf bei schwacher Hitze so lange erwärmen, bis er karamellisiert. Das Wasser hinzufügen und unter Rühren 1 Minute lang erhitzen, dann abkühlen lassen.

5 In einer weiteren großen Schüssel die Butter mit dem Zucker schaumig schlagen. Die Eigelbe zugeben, dann nach und nach die Buttermilch hinzufügen.

6 Das Karamell beigeben. Das Eiweiß mit dem Salz zu sehr steifem Eischnee schlagen und vorsichtig unter die Teigmasse heben.

7 Die Hälfte des Teigs in die Muffinsblechvertiefungen einfüllen. Dann jeweils ein Karamellbonbon auf den Teig geben und mit dem restlichen Teig auffüllen.

8 Bei 180 °C (Umluft 160 °C) auf mittlerer Schiebeleiste 20 bis 25 Minuten backen. Die Muffins im Backblech noch 5 bis 10 Minuten ruhen lassen, dann aus den Förmchen nehmen und nach Belieben noch lauwarm servieren.

Kornknacker-Muffins

Für den Belag

- **1 Tasse (200 g) Sonnenblumenkerne**
- **1/4 Tasse (45 g) Zucker**
- **6 EL Schlagsahne**
- **1/8 Tasse (45 g) flüssiger Honig**
- **3 EL weiche Butter oder Margarine**

Für den Teig

- **1 3/4–2 Tassen (250 g) Weißmehl**
- **2 1/2 TL Backpulver**
- **1/2 TL Natron**
- **1 TL Zimt**
- **1 Ei**
- **1/2 Tasse (180 g) flüssiger Honig**
- **1/3 Tasse (80 ml) Pflanzenöl oder 1/2 Tasse (125 g) weiche Butter oder Margarine**
- **1/2 Tasse (125 g) Buttermilch oder Milch**
- **1/3–1/2 Tasse (100–125 ml) Schlagsahne**

1 Den Backofen auf 190 °C (Umluft 170 °C) vorheizen.

2 Die Muffinsblechvertiefungen einfetten oder mit Papierbackförmchen auskleiden, die Sie im Haushaltsgeschäft bekommen können.

3 Für den Belag in einem kleinen Topf die Sonnenblumenkerne kurz anbräunen. Für den Teig ca. 50 Gramm (!) der Sonnenblumenkerne abnehmen. Dann Zucker, Sahne, Honig und Butter unter die restlichen Sonnenblumenkerne hinzufügen. Die Masse kurz aufkochen, dann leicht abkühlen lassen.

4 In einer mittelgroßen Schüssel die trockenen Zutaten, d. h. Mehl, Backpulver, Natron, das Zimt und die restlichen Sonnenblumenkerne, sorgfältig vermischen.

5 In einer weiteren großen Schüssel das Ei aufschlagen und leicht verquirlen. Dann Honig, Öl oder Butter, die Buttermilch oder Milch und die Sahne hinzugeben und ganz kurz verrühren. Zuletzt die trockenen Zutaten hinzufügen und sehr vorsichtig unterheben. Auf jeden Fall nur so lange rühren, bis die trockenen Zutaten feucht geworden sind.

6 Den Teig in die Vertiefungen einfüllen. Dann die Sonnenblumen-Honigmasse auf den Teig verteilen. Bei 180 °C (Umluft 160 °C) 25 bis 30 Minuten backen. Die Muffins im Backblech 5 bis 10 Minuten ruhen lassen, aus den Förmchen nehmen und nach Belieben warm servieren!

▶ **Tipp:** Jetzt wird's so richtig gesund. Überhaupt können Sie viele Muffinsrezepte mit Sonnenblumenkernen oder frisch geschrotetem, eingeweichtem Getreide zu einer ebenso ballaststoffreichen wie sättigenden Leckerei machen. Ein solcher Muffin ist auch ein gutes Schulbrot für Ihre Kinder.

Latte-Macchiato-Muffins

Für den Teig

- **1 3/4–2 Tassen (250 g) Weißmehl**
- **3 TL Backpulver**
- **1/2 TL Zimt**
- **1 Ei**
- **3/4 Tasse (140 g) brauner oder weißer Zucker**
- **1 Pck. Vanillezucker**
- **1/3 Tasse (80 ml) Pflanzenöl oder 1/2 Tasse (125 g) weiche Butter oder Margarine**
- **1/2 Tasse (125 ml) starker Kaffee oder Espresso**
- **1/2–3/4 Tasse (150 ml) aufgeschäumte Milch**
- **1 Tasse (150 g) Kaffeebonbons (z. B. Pocket Coffee), in Stücke geschnitten**

Für die Glasur

- **1 3/4 Tassen (140 g) Puderzucker**
- **3–4 EL starker Kaffee**
- **1–2 TL Zimt (wahlweise)**

Zum Tränken (wahlweise)

- **12 TL Kaffeelikör**

1 Den Backofen auf 190 °C (Umluft 170 °C) vorheizen.

2 Die Muffinsblechvertiefungen einfetten oder mit Papierbackförmchen auskleiden, die Sie im Haushaltsgeschäft bekommen können.

3 In einer mittelgroßen Schüssel die trockenen Zutaten, d. h. das Mehl mit dem Backpulver und dem Zimt, sorgfältig miteinander vermischen.

4 In einer weiteren großen Schüssel das Ei ganz leicht verquirlen. Dann den Zucker, den Vanillezucker, Öl oder Butter, den Kaffee oder Espresso, die Milch und wahlweise die Kaffeebonbonstückchen dazugeben und gründlich verrühren.

▶ **Tipp:** Der Muffinsteig ist etwas dünner und zähflüssiger als sonst. Lassen Sie sich dadurch nicht beirren.

Latte Macchiato ist derzeit der große Hit und hat den Cappuccino fast abgelöst. Servieren Sie sie zu den Muffins: Einfach in ein Glas heiße Milch eine Tasse Espresso schütten, nicht umrühren!

5 Die Mehlmischung zum Eigemisch geben und nur so lange rühren, bis die trockenen Zutaten feucht geworden sind. Den Teig sollten Sie auf keinen Fall zu lange rühren.

6 Den Teig in die Muffinsblechvertiefungen einfüllen. Bei 180 °C (Umluft 160 °C) auf der mittleren Schiebeleiste des Backofens 20 bis 25 Minuten backen.

7 Die Muffins noch 5 bis 10 Minuten in der Backform ruhen lassen, dann aus den Vertiefungen nehmen und auf einem Kuchengitter vollständig abkühlen lassen. Die Muffins nach Belieben mit je einem Teelöffel Kaffeelikör tränken, indem Sie sie mit einer Stricknadel oder einem Holzspieß ein paar Mal einstechen und den Likör dann darüber träufeln.

8 Den Puderzucker mit dem Kaffee zu einem glatten Guss verrühren. Die Muffins mit der Oberseite in die Glasur tauchen, leicht abtropfen lassen und nach Belieben mit etwas Zimt bestreuen, bevor Sie sie servieren.

Lebkuchen-Muffins

Zum Einweichen

- **3 Lebkuchen (ca. 86 g)**
- **2–3 EL Rum**

Für den Teig

- **1 1/2 Tassen (210 g) Weißmehl**
- **2 1/2 TL Backpulver**
- **1/2 TL Natron**
- **2 TL Lebkuchengewürz (Zimt, Nelken, Muskat, Kardamon gemischt)**
- **1/2 Tasse (60 g) gehackte Mandeln**
- **3/4 Tasse (100 g) Zitronat und Orangeat (nach Belieben)**
- **1 Ei**
- **1/2 Tasse (180 g) dickflüssiger Honig**
- **1/3 Tasse (80 ml) Pflanzenöl oder 1/2 Tasse (125 g) weiche Butter oder Margarine**
- **1 1/4–1 1/2 Tassen (300–360 g) Buttermilch oder Milch**

Für den Guss und zum Bestreuen

- **1 3/4 Tassen (140 g) Puderzucker**
- **2–3 EL Wasser oder Rum**
- **1/2 TL Zimt**
- **3–4 EL gehackte Mandeln**

1 Backofen auf 190 °C (Umluft 170 °C) vorheizen.

2 Die Muffinsblechvertiefungen einfetten oder mit Papierbackförmchen auskleiden, die Sie im Haushaltsgeschäft bekommen können.

3 Die Lebkuchen in grobe Stücke schneiden und mit dem Rum beträufeln.

4 In einer mittelgroßen Schüssel die trockenen Zutaten, d.h. Mehl, Backpulver, Natron, das Gewürz, die Mandeln und wahlweise das Zitronat und Orangeat, sorgfältig vermischen.

5 In einer weiteren großen Rührschüssel das Ei aufschlagen und leicht verquirlen. Dann Honig, Öl oder Butter, Buttermilch oder Milch und die getränkten Lebkuchenstückchen hinzugeben und kurz verrühren. Zuletzt die trockenen Zutaten hinzufügen und vorsichtig unterheben. Nur so lange rühren, bis die trockenen Zutaten feucht geworden sind.

6 Den Teig in die Muffinsblechvertiefungen einfüllen. Bei 180 °C (Umluft 160 °C) auf mittlerer Schiebeleiste 20 bis 25 Minuten backen. Die Muffins im Backblech noch 5 bis 10 Minuten ruhen lassen, dann aus den Förmchen nehmen und auf einem Kuchengitter vollständig abkühlen lassen.

7 Für den Guss den Puderzucker mit dem Zimt und dem Wasser oder Rum glatt rühren. Die Muffins einzeln mit der Oberseite darin eintauchen, leicht abtropfen und mit Mandeln bestreuen.

► **Tipp:** Der Teig ist etwas dünner, aber die Flüssigkeit wird benötigt, damit die Muffins auch am nächsten Tag noch schön feucht sind.

Bitte beachten Sie stets, dass der Backofen genügend vorgeheizt ist, dass die Muffins schön aufgehen! Auch den Umluftherd müssen Sie (im Gegensatz zu den Angaben mancher Hersteller) unbedingt vorheizen. Die Muffins brauchen die richtige Backtemperatur von Anfang an, sonst werden Sie »klitschig«.

Marmor-Muffins

Für den Teig

- **2 Tassen (280 g) Weißmehl**
- **2 1/2 TL Backpulver**
- **1/2 TL Natron**
- **1/2 Tasse (60 g) gehackte Mandeln oder Haselnüsse (nach Belieben auch geröstet)**
- **1 Ei**
- **3/4 Tasse (140 g) brauner oder weißer Zucker**
- **1/3 Tasse (80 ml) Pflanzenöl oder 1/2 Tasse (125 g) weiche Butter oder Margarine**
- **1 1/4 Tassen (275 g) Buttermilch, Sauermilch oder Milch**

Für den dunklen Teig

- **2 EL Kakaopulver**
- **3–4 EL Milch**

Für den hellen Teig

- **1/2 TL Zitronen- oder Orangenschale**

Zum Bestreuen

- **3–4 EL gehackte Mandeln oder Haselnüsse**

1 Den Backofen auf 190 °C (Umluft 170 °C) vorheizen.

2 Die Muffinsblechvertiefungen einfetten oder mit Papierbackförmchen auskleiden, die Sie im Haushaltsgeschäft bekommen können.

3 In einer mittelgroßen Schüssel die trockenen Zutaten, d. h. Mehl, Backpulver, das Natron und die Mandelstückchen, sorgfältig vermischen.

4 In einer weiteren großen Schüssel das Ei aufschlagen und ganz leicht verquirlen. Dann den Zucker, das Öl oder die Butter und die Buttermilch, Sauermilch oder Milch unterrühren.

5 Nun die trockenen Zutaten beifügen und vorsichtig unterheben. Die Hälfte des Teiges in eine separate Schüssel geben und mit dem Kakaopulver und der Milch kurz verrühren. Der anderen Teighälfte die Fruchtschale beifügen und kurz verrühren.

6 Die Muffinsblechvertiefungen zur einen Hälfte mit dem hellen Teig, zur anderen mit dem dunklem Teig auffüllen. Nach Belieben mit einer Gabel durchziehen (so entsteht der Marmoreffekt). Den Teig mit Mandeln oder Haselnüssen bestreuen.

7 Bei 180 °C (Umluft 160 °C) auf der mittleren Schiebeleiste des Backofens 20 bis 25 Minuten backen. Die Muffins im Backblech noch 5 bis 10 Minuten ruhen lassen, dann aus den Förmchen nehmen und nach Belieben noch lauwarm servieren.

► **Tipp:** Noch ein Klassiker aus der Welt der großen Kuchen: Marmorkuchen ist einer der beliebtesten Kuchen überhaupt und passt vom Frühstück bis zum Nachtisch bei einem rustikalen Menü für viele Gelegenheiten. Da sich dieser Teig gut tiefkühlen lässt, können Sie Marmor-Muffins sogar auf Vorrat backen und einfrieren. Allerdings sind die frischen Muffins immer vorzuziehen, und das Backen ist so schnell erledigt, dass sich das Einfrieren eigentlich nicht lohnt. Servieren Sie auch aufgetaute Muffins leicht angewärmt.

Marshmallow-Muffins

Für den Teig

- ▷ **2 Tassen (ca. 150 g) Mini-Marshmallows**
- ▷ **1 3/4–2 Tassen (250 g) Weißmehl**
- ▷ **2 1/2 TL Backpulver**
- ▷ **1/2 TL Natron**
- ▷ **1/4 Tasse (35 g) Raspelschokolade**
- ▷ **1/4 Tasse (30 g) gehackte Walnüsse**
- ▷ **1 Ei**
- ▷ **2/3 Tasse (120 g) brauner oder weißer Zucker**
- ▷ **1/2 Fläschchen Vanille-Backaroma**
- ▷ **1/3 Tasse (80 ml) Pflanzenöl oder 1/2 Tasse (125 g) weiche Butter oder Margarine**
- ▷ **1 Tasse (250 g) Buttermilch oder Milch**

Für die Glasur und zum Verzieren

- ▷ **1 Tasse (140 g) Vollmilchkuvertüre, in Stücke gehackt**

1 Den Backofen auf 190 °C (Umluft 170 °C) vorheizen.

2 Die Muffinsblechvertiefungen einfetten oder mit Papierbackförmchen auskleiden, die Sie im Haushaltsgeschäft bekommen.

3 12 Mini-Marshmallows für die Verzierung beiseite legen. Die restlichen Marshmallows in Stückchen schneiden.

4 In einer Schüssel die trockenen Zutaten, d.h. das Mehl mit dem Backpulver, dem Natron, den Marshmallowstückchen, der Raspelschokolade und den Walnüssen, vermischen.

5 In einer großen Schüssel das Ei verquirlen. Dann Zucker, Öl oder Butter und Buttermilch oder Milch dazugeben und verrühren. Die Mehlmischung zum Eigemisch geben und so lange rühren, bis die trockenen Zutaten feucht sind.

6 Den Teig in die Muffinsblechvertiefungen einfüllen. Bei 180 °C (Umluft 160 °C) auf mittlerer Schiebeleiste 20 bis 25 Minuten backen. Die Muffins im Backblech 5 bis 10 Minuten ruhen lassen, dann aus den Förmchen nehmen und abkühlen lassen.

7 Die Kuvertüre nach Packungsanweisung im heißen Wasserbad schmelzen. Die Muffins in die Kuvertüre eintauchen, abtropfen lassen und mit den restlichen Marshmallows verzieren.

Milchreis-Zimt-Muffins

Für den Teig
- **1 3/4–2 Tassen (250 g) Weißmehl**
- **2 1/2 TL Backpulver**
- **1/2 TL Natron**
- **1/2 Tasse (60 g) gehackte Cashews oder Mandeln**
- **1 TL Zimt**
- **1 Ei**
- **3/4 Tasse (140 g) brauner oder weißer Zucker**
- **1/3 Tasse (80 ml) Pflanzenöl oder 1/2 Tasse (125 g) weiche Butter**
- **1/2–3/4 Tasse (150 g) Buttermilch oder Jogurt**
- **1 Becher (200 g) Milchreis mit Zimtgeschmack (Fertigprodukt)**

Zum Bestreuen
- **3/4 TL Zimt, 3 EL Zucker**

1 Den Backofen auf 190 °C (Umluft 170 °C) vorheizen. Die Muffinsblechvertiefungen einfetten oder Papierbackförmchen hineinsetzen.

2 In einer Schüssel die trockenen Zutaten, d.h. Mehl, Backpulver, Natron, Nüsse oder Mandeln und Zimt, vermischen.

3 In einer großen Schüssel das Ei aufschlagen und verquirlen. Dann Zucker, Öl oder Butter, Buttermilch oder Jogurt und den Milchreis hinzugeben und kurz verrühren. Zuletzt die trockenen Zutaten hinzufügen und vorsichtig unterheben, bis die trockenen Zutaten feucht sind.

4 Den Teig in die Muffinsblechvertiefungen einfüllen. Zimt und Zucker vermischen und auf die Muffins streuen. Bei 180 °C (Umluft 160 °C) auf mittlerer Schiebeleiste 20 bis 25 Minuten backen. Die Muffins im Backblech 5 bis 10 Minuten ruhen lassen, dann aus den Förmchen nehmen und nach Belieben noch warm servieren!

Mohn-Bananen-Muffins

Für den Teig
- **1 Tasse (120 g) Vollkornmehl**
- **1 Tasse (140 g) Weißmehl**
- **2 1/2 TL Backpulver**
- **1/2 TL Natron**
- **1 TL Orangenschale**
- **3–4 EL gemahlener Mohn**
- **1 Ei**
- **2/3 Tasse (120 g) Zucker**
- **1 Pck. Vanillezucker**
- **1/3 Tasse (80 ml) Öl**
- **1/2 Tasse (150 g) Jogurt**
- **2 mittelgroße Bananen**

1 Den Backofen auf 190 °C (Umluft 170 °C) vorheizen. Die Muffinsblechvertiefungen einfetten oder mit Papierförmchen auskleiden.

2 In einer Schüssel die trockenen Zutaten, d.h. Mehl, Backpulver, Natron, Orangenschale und Mohn, vermischen.

3 In einer großen Schüssel das Ei verquirlen. Zucker, Vanillezucker, Öl, Jogurt und zerdrückte Bananen unterrühren. Zuletzt die trockenen Zutaten unterheben.

4 Den Teig einfüllen. Bei 180 °C (Umluft 160 °C) 20 bis 25 Minuten backen. Die Muffins 5 bis 10 Minuten ruhen lassen, dann aus den Förmchen nehmen.

Muffins-Auflauf

Zum Einweichen

- **40 g Rosinen**
- **2 EL Rum**
- **12 Mini-Muffins oder 5–6 Muffins normaler Größe (ca. 350 g)**
- **2 Tassen (500 ml) Milch**

Für den Teig

- **3 große Äpfel (ca. 300 g), grob gerieben oder in Stücke geschnitten**
- **1 EL Zitronensaft oder Rum (nach Belieben)**
- **2–3 Eier (getrennt)**
- **1 Prise Salz**
- **4–5 EL weiche Butter oder Margarine**
- **1/4 Tasse (45 g) brauner oder weißer Zucker**
- **Abgeriebene Schale von 1 Zitrone**
- **1/2 TL Zimt**
- **1/3 Tasse (40 g) gehackte Nüsse oder Mandeln**
- **2–3 EL weiche Butter oder Margarine**

Zum Bestreuen (nach Belieben)

- **2–3 EL Puderzucker**

1 Den Backofen auf 190 °C (Umluft 170 °C) vorheizen. Die Auflaufform sorgfältig einfetten und bereitstellen.

2 Die Rosinen waschen und nach Belieben mit Rum beträufeln.

3 Die Milch in einem Töpfchen leicht erwärmen. Wenn nötig, die Papierförmchen der Muffins entfernen. Die Muffins in grobe Stücke schneiden und in der Milch einweichen. Die Masse zudecken und eine Weile ziehen lassen.

4 Die Eier trennen. Das Eiweiß mit einer Prise Salz steif schlagen. In einer weiteren Schüssel die Butter mit dem Zucker und dem Eigelb mit dem Rührgerät zu einer schaumigen Masse schlagen. Die Zitronenschale, das Zimt, die Nüsse oder Mandeln, die Muffinmilchmasse, die Apfelstückchen und die Rosinen unterrühren. Zuletzt den Eischnee sehr vorsichtig unterheben.

5 Die Masse in die gefettete Auflaufform einschichten und Butterflöckchen darauf verteilen.

▶ **Tipp:** Ein wunderbares Rezept zur Verwertung übrig geblieber Muffins. Ein Auflauf à la Irmhild – eine tolle Idee! Anstelle der Äpfel können Sie auch andere Obstsorten wie Kirschen, Pflaumen oder Aprikosen verwenden. Auch mit Dosenobst – immer zur Hand, immer im Vorrat – ist der Auflauf ein echter Hochgenuss zu jeder Jahres- und Tageszeit!

6 Bei 180 °C (Mitte, Umluft 160°) auf der mittleren Schiebeleiste des Backofens 45 bis 55 Minuten backen. Nach Bedarf während der Hälfte der Backzeit die Auflaufform abdecken.

7 Den Auflauf aus dem Ofen nehmen, etwas abkühlen lassen und noch warm servieren. Nach Belieben mit Puderzucker bestäuben. Dazu können Sie Obstkompott, Apfelmus oder Vanillesauce servieren. Auch eine fruchtige Sauce aus frischen oder tiefgekühlten Beeren schmeckt ausgezeichnet dazu.

Pharisäer-Muffins

Für den Teig

- ▷ **2 Tassen (280 g) Weißmehl**
- ▷ **2 1/2 TL Backpulver**
- ▷ **1/2 TL Natron**
- ▷ **1 EL Instant-Kaffeepulver**
- ▷ **2 EL Kakaopulver**
- ▷ **1 Ei**
- ▷ **3/4 Tasse (140 g) brauner oder weißer Zucker**
- ▷ **1/3 Tasse (80 ml) Pflanzenöl oder 1/2 Tasse (125 g) weiche Butter oder Margarine**
- ▷ **1/4 Tasse (60 ml) Rum**
- ▷ **1/2 Tasse (125 ml) starker Kaffee**
- ▷ **1/4–1/2 Tasse (100 g) Schlagsahne**

Zum Tränken

- ▷ **4 EL Rum**

Für den Belag und zum Bestreuen

- ▷ **1 Becher (200 g) Schlagsahne**
- ▷ **1 Pck. Vanillezucker (wahlweise)**
- ▷ **2–3 EL Kakaopulver**

1 Den Backofen auf 190 °C (Umluft 170 °C) vorheizen.

2 Die Muffinsblechvertiefungen einfetten oder mit Papierbackförmchen auskleiden, die Sie im Haushaltsgeschäft bekommen können.

3 In einer mittelgroßen Schüssel das Mehl mit dem Backpulver, dem Natron, dem Kaffeepulver und dem Kakao, sorgfältig vermischen.

4 In einer weiteren großen Schüssel das Ei leicht verquirlen. Dann den Zucker, das Öl oder die Butter, den Rum, den Kaffee und die Sahne dazugeben und gut verrühren. Die Mehlmischung zum Eigemisch geben und nur so lange rühren, bis die trockenen Zutaten feucht sind.

5 Den Teig in die Muffinsblechvertiefungen einfüllen. Im Backofen (Mitte, Umluft 160°) 20 bis 25 Minuten backen. Die Muffins im Backblech 5 Minuten ruhen lassen, dann aus den Förmchen nehmen und auf einem Kuchengitter leicht abkühlen lassen.

6 Die Muffins mehrmals mit einem Zahnstocher einstechen und mit jeweils 1/2 Teelöffel Rum beträufeln.

7 Die Schlagsahne nach Belieben mit dem Vanillezucker steif schlagen. Je 1 Esslöffel Schlagsahne auf die Muffins geben und mit Kakaopulver bestreuen.

Spekulatius-Muffins

Zum Zerbröseln
- **1 Pck. (125 g) Spekulatius (gewürzte Weihnachtskekse)**

Für den Teig
- **1 1/2 Tassen (210 g) Weißmehl**
- **2 1/2 TL Backpulver**
- **1/2 TL Natron**
- **1 1/2 TL Zimt**
- **1/8 TL Muskatnuss**
- **1/8 TL gemahlene Nelken**
- **3/4 Tasse (90 g) Mandelblättchen**
- **1 Ei**
- **1/3–1/2 Tasse (150 g) dickflüssiger Honig**
- **1/3 Tasse (80 ml) Pflanzenöl oder 1/2 Tasse (125 g) weiche Butter oder Margarine**
- **1–1 1/4 Tassen (250–275 g) Buttermilch oder Milch**
- **1–2 EL Rum (wahlweise)**

Für den Guss und zum Bestreuen
- **1 3/4 Tassen (140 g) Puderzucker**
- **1 TL Zimt**
- **2–3 EL Wasser oder Rum**
- **3–4 EL Mandelblättchen**

1 Den Backofen auf 190 °C (Umluft 170 °C) vorheizen. Die Muffinsblechvertiefungen einfetten oder Papierbackförmchen hineinsetzen.

2 Die Spekulatius in einen Gefrierbeutel geben, diesen verschließen und mit einem Nudelholz mehrmals darüber rollen, bis die Kekse fein zerbröselt sind.

3 In einer mittelgroßen Schüssel die trockenen Zutaten, d.h. Mehl, Backpulver, Natron, die Gewürze, die Mandelblättchen und die Keksbrösel, sorgfältig vermischen.

4 In einer weiteren großen Schüssel das Ei aufschlagen und leicht verquirlen. Dann Honig, Öl oder Butter, Buttermilch oder Milch und wahlweise den Rum hinzugeben und kurz verrühren. Zuletzt die trockenen Zutaten hinzufügen und vorsichtig unterheben. Nur so lange rühren, bis die trockenen Zutaten feucht geworden sind.

5 Den Teig in die Muffinsblechvertiefungen einfüllen. Bei 180 °C (Umluft 160 °C) auf mittlerer Schiebeleiste 20 bis 25 Minuten backen. Die Muffins im Backblech 5 bis 10 Minuten ruhen lassen, dann aus den Förmchen nehmen und abkühlen lassen.

6 Für die Glasur den Puderzucker mit dem Zimt und dem Wasser oder Rum glatt rühren. Die Muffins darin eintauchen, antrocknen lassen und mit Mandelblättchen bestreuen.

▶ **Tipp:** Anstelle den Puderzuckerguss zu verwenden können Sie auch vor dem Backen die Mandelblättchen über den Teig streuen und mitbacken. Warm schmecken Muffins im Allgemeinen am besten!

Umgedrehte Nuss-Mix-Muffins

Für den Belag

- **1 Tasse (120 g) gehackte gemischte Nüsse (Cashews, Wal-, Haselnüsse, Pinienkerne)**
- **1/4 Tasse (40 g) Zucker**
- **1/4 Tasse (65 g) Butter oder Margarine**

Für den Teig

- **1 3/4–2 Tassen (250 g) Weißmehl**
- **2 1/2 TL Backpulver**
- **1/2 TL Natron**
- **1 Ei**
- **2/3 Tasse (120 g) brauner oder weißer Zucker**
- **1 Pck. Vanillezucker**
- **1/3 Tasse (80 ml) Pflanzenöl oder 1/2 Tasse (125 g) weiche Butter oder Margarine**
- **1 Tasse (250 g) Buttermilch oder Jogurt**

1 Den Backofen auf 190 °C (Umluft 170 °C) vorheizen.

2 Die Muffinsblechvertiefungen einfetten und mit Mehl bestäuben. Bitte keine Papierbackförmchen verwenden!

3 Für den Belag in einem kleinen Topf 60 Gramm (!) der Nüsse zusammen mit dem Zucker und der Butter kurz aufkochen, dann abkühlen lassen.

4 In einer mittelgroßen Schüssel die trockenen Zutaten, d.h. das Mehl, das Backpulver, das Natron und die restlichen Nüsse, mit einem Kochlöffel sorgfältig vermischen.

5 In einer weiteren großen Schüssel das Ei aufschlagen und ganz leicht verquirlen. Dann den Zucker, den Vanillezucker, das Öl oder die Butter und die Buttermilch oder den Jogurt hinzugeben und kurz verrühren.

6 Zuletzt die trockenen Zutaten hinzufügen und vorsichtig unterheben. Nur so lange rühren, bis die trockenen Zutaten feucht geworden sind. Den Teig sollten Sie auf keinen Fall zu lange rühren.

7 Je 1 bis 2 Teelöffel des Nussbelags in die Muffinsblechvertiefungen geben. Dann den Teig schön gleichmäßig darauf verteilen.

8 Bei 180 °C (Umluft 160 °C) auf der mittleren Schiebeleiste des Backofens 20 bis 25 Minuten backen.

9 Die Muffins im Backblech noch 5 bis 10 Minuten ruhen lassen, dann aus den Förmchen nehmen und umgedreht auf einem Kuchengitter vollständig abkühlen lassen. Nach Bedarf die restlichen Nüsse vom Belag mit einem kleinem Löffel auf die Muffins geben. Nach Belieben die Muffins noch warm servieren!

▶ **Tipp:** Umgedrehte Muffins wirken wie kleine Napfkuchen – das ist ihr besonderer Charme. Die meisten Muffins können Sie auf diese Weise gestalten, indem Sie sie bereits umgedreht abkühlen lassen und dann entsprechend dekorieren. Für die Dekoration eignen sich fast alle Beläge, z. B. aus Nüssen und steif geschlagenem Eiweiß oder Schlagsahne, aber natürlich auch Glasuren aus Puderzucker und Saft.

Zupfkuchen-Muffins

Für den Teig

- **1 Tasse (140 g) Weißmehl**
- **1 EL Kakaopulver**
- **1 1/2 TL Backpulver**
- **1/2 TL Natron**
- **1 Ei**
- **1/2 Tasse (90 g) Zucker**
- **1 Pck. Vanillezucker**
- **2/3 Tasse (65 g) weiche Butter oder Margarine**
- **2/3 Tasse (160 g) Buttermilch**

Für die Füllung

- **3/4 Tasse (150 g) Quark**
- **1 Ei**
- **1 Pck. Vanillezucker**
- **1/4 Tasse (45 g) Zucker**
- **2 EL weiche Butter oder Margarine**
- **1 Pck. (40 g) Vanillepuddingpulver**

Für die Streusel

- **1/2 Tasse (70 g) Weißmehl**
- **1/3 Tasse (70 g) Zucker**
- **1/2 EL Kakao**
- **1/4 Tasse (60 g) weiche Butter oder Margarine**

1 Den Backofen auf 190 °C (Umluft 170 °C) vorheizen.

2 Die Muffinsblechvertiefungen einfetten oder mit Papierbackförmchen auskleiden, die Sie im Haushaltsgeschäft bekommen können.

3 In einer mittelgroßen Schüssel die trockenen Zutaten, d.h. Mehl, Kakao, das Backpulver und das Natron, sehr sorgfältig vermischen.

4 In einer weiteren großen Schüssel das Ei aufschlagen und ganz leicht verquirlen. Dann Zucker, Vanillezucker, Butter und die Buttermilch dazugeben und gut verrühren.

5 Zuletzt die trockenen Zutaten beifügen und vorsichtig unterheben, bis sie feucht geworden sind. Den Teig sollten Sie auf keinen Fall zu lange rühren.

6 Für die Füllung in einer kleinen Schüssel den Quark, Ei, Vanillezucker, Zucker, die Butter und das Puddingpulver mit einem Handrührgerät zu einer schaumigen Masse verquirlen.

7 Für die Streusel das Mehl mit Zucker, Kakao und Butter zu einem krümeligen Teig verkneten.

8 Den Teig in die Muffinsblechvertiefungen einfüllen. Dann die Quarkfüllung auf den Teig geben und zuletzt die Kakaostreusel auf den Teig »zupfen«.

9 Bei 180 °C (Umluft 160 °C) auf der mittleren Schiebeleiste des Backofens 20 bis 25 Minuten backen. Die Muffins im Backblech noch 5 bis 10 Minuten ruhen lassen, dann aus den Förmchen nehmen und nach Belieben noch warm servieren!

▶ **Tipp:** Der Zupfkuchen ist ein traditionelles russisches Gebäck, das auch als großer Kuchen sehr beliebt ist. Auch der Donauwellen-Kuchen erfreut die Genießer mit dem Kontrast von dunklem Teig und köstlicher Füllung. Der Teig entspricht dem der Zupfkuchen-Muffins. Als Füllung werden 150 Gramm Sauerkirschen verwendet, und nach dem Backen wird eine leichte Buttercreme auf den Muffins verteilt und mit Schokostreuseln bestreut. Ein Genuss!

Grundrezept Schoko-Muffins

Für den Teig

- 1 3/4–2 Tassen (250 g) Weißmehl
- 2 1/2 TL Backpulver
- 1/2 TL Natron
- 1 Tasse (150 g) Schokolade oder Schokoriegel aller Art (die Lieblingssorte Ihrer Kinder, z. B. Kinderschokolade, usw.)
- 2 EL Kakaopulver (wahlweise)
- 1 Ei
- 2/3 Tasse (120 g) brauner oder weißer Zucker
- 1 Pck. Vanillezucker
- 1/3 Tasse (80 ml) Pflanzenöl oder 1/2 Tasse (125 g) weiche Butter oder Margarine
- 1 Tasse (250 g) Buttermilch oder Milch

Für den Guss und die Verzierung

- 1 Tasse (140 g) Schokokuvertüre, in Stücke gehackt (z. B. Vollmilch, weiße Schokolade, Zartbitter usw.)
- Bunte Zucker- oder Marzipanfigürchen, Partyartikel aller Art

1 Den Backofen auf 190 °C (Umluft 170 °C) vorheizen.

2 Die Muffinsblechvertiefungen einfetten oder mit Papierbackförmchen auskleiden, die Sie im Haushaltsgeschäft bekommen können.

3 In einer mittelgroßen Schüssel die trockenen Zutaten, d. h. Mehl, Backpulver, Natron, die Schokoriegel-Stückchen und nach Belieben den Kakao, sorgfältig vermischen.

4 In einer weiteren großen Schüssel das Ei aufschlagen und leicht verquirlen. Dann Zucker, Vanillezucker, Öl oder Butter und Buttermilch oder Milch hinzugeben und kurz verrühren.

5 Zuletzt die trockenen Zutaten hinzufügen und sehr vorsichtig unterheben. Nur so lange rühren, bis die trockenen Zutaten feucht geworden sind.

6 Den Teig in die Muffinsblechvertiefungen einfüllen. Bei 180 °C (Umluft 160 °C) auf der mittleren Schiebeleiste des Backofens 20 bis 25 Minuten backen.

7 Die Muffins im Backblech 5 bis 10 Minuten ruhen lassen, dann aus den Förmchen nehmen und auf einem Kuchengitter abkühlen lassen.

8 Für die Glasur die Kuvertüre nach Packungsanweisung im heißen Wasserbad schmelzen. Die Muffins einzeln darin eintauchen, abtropfen und leicht antrocknen lassen. Die Muffins nach Belieben hübsch verzieren. Deko-Tipps finden Sie im Einleitungsteil.

Choco Crossi-Muffins

Zum Zerkleinern

- **1 Pck. (200 g) Choco Crossies**
- **1 1/2 Tassen (50 g) Cornflakes**

Für den Teig

- **1 3/4 Tassen (230 g) Weißmehl**
- **2 1/2 TL Backpulver**
- **1/2 TL Natron**
- **1 Ei**
- **3/4 Tasse (140 g) brauner oder weißer Zucker**
- **1/3 Tasse (80 ml) Pflanzenöl oder 1/2 Tasse (125 g) weiche Butter oder Margarine**
- **1 1/4 Tassen (300 g) Buttermilch oder Milch**

Für den Guss

- **1 Tasse (140 g) Schokokuvertüre, in Stücke gehackt (Halbbitter oder Vollmilch)**

1 Den Backofen auf 190 °C (Umluft 170 °C) vorheizen.

2 Die Muffinsblechvertiefungen einfetten oder mit Papierbackförmchen auskleiden, die Sie im Haushaltsgeschäft bekommen können.

3 Etwa 80 Gramm der Choco Crossies für die Verzierung beiseite legen. Die restlichen Choco Crossies klein schneiden. Die Cornflakes in einen Gefrierbeutel geben, diesen verschließen und mit einem Nudelholz mehrmals darüber rollen, bis sie fein zerbröselt sind.

4 In einer mittelgroßen Schüssel die trockenen Zutaten, d. h. das Mehl, das Backpulver, das Natron, die Choco Crossies und die Cornflakesbrösel, sorgfältig vermischen.

5 In einer weiteren großen Schüssel das Ei aufschlagen und leicht verquirlen. Dann Zucker, Öl oder Butter und die Buttermilch oder Milch hinzugeben und kurz verrühren.

6 Zuletzt die trockenen Zutaten hinzufügen und vorsichtig unterheben. Nur so lange rühren, bis die trockenen Zutaten feucht geworden sind. Den Teig nicht zu lange rühren!

7 Den Teig in die Muffinsblechvertiefungen einfüllen. Bei 180 °C (Umluft 160 °C) auf mittlerer Schiebeleiste 20 bis 25 Minuten backen.

8 Die Muffins im Backblech 5 bis 10 Minuten ruhen lassen, dann aus den Förmchen nehmen und auf einem Kuchengitter abkühlen lassen.

9 Für den Guss die Kuvertüre nach Packungsanweisung im heißen Wasserbad schmelzen. Die Muffins einzeln mit der Oberseite darin eintauchen, leicht abtropfen und mit den restlichen Choco Crossies verzieren.

▶ **Tipp:** Nach Belieben können Sie dem Teig noch 1 1/2 Esslöffel Kakaopulver beifügen! Liebhaber von extra dunkler Schokolade werden es Ihnen danken. Für die echten Fans schwarzer Schokolade muss es dann aber auch die extra dunkle Kuvertüre oder gleich die schwarze Schokolade mit hohem Kakaoanteil sein!

Kinderschokolade-Muffins

Für den Teig

- **1 Pck. (100 g) Kinder-Schokolade, in Stückchen geschnitten**
- **1 3/4–2 Tassen (250 g) Weißmehl**
- **2 1/2 TL Backpulver**
- **1/2 TL Natron**
- **2 EL Kakaopulver**
- **1 Ei**
- **2/3 Tasse (120 g) brauner oder weißer Zucker**
- **1/3 Tasse (80 ml) Pflanzenöl oder 1/2 Tasse (125 g) weiche Butter oder Margarine**
- **1 Tasse (250 g) Buttermilch**

Für den Guss

- **1 Tasse (140 g) Vollmilch-Kuvertüre, in Stücke gehackt**
- **1/3 Tasse (50 g) weiße Kuvertüre, in grobe Stücke gehackt**

1 Den Backofen auf 190 °C (Umluft 170 °C) vorheizen.

2 Die Muffinsblechvertiefungen einfetten oder mit Papierbackförmchen auskleiden, die Sie im Haushaltsgeschäft bekommen können.

3 In einer mittelgroßen Schüssel die trockenen Zutaten, d. h. das Mehl mit Backpulver, Natron, den Schokoladestückchen und dem Kakao, sorgfältig vermischen.

4 In einer weiteren großen Schüssel das Ei leicht verquirlen. Dann den Zucker, das Pflanzenöl und die Buttermilch dazugeben und gut verrühren.

5 Die Mehlmischung zum Eigemisch geben und nur so lange rühren, bis die trockenen Zutaten feucht geworden sind. Den Teig auf keinen Fall zu lange rühren!

6 Den Teig in die Muffinsblechvertiefungen einfüllen. Bei 180 °C (Umluft 160°) auf der mittleren Schiebeleiste des Backofens 20 bis 25 Minuten backen.

7 Die Muffins in der Backform noch 5 bis 10 Minuten ruhen lassen, dann aus den Förmchen nehmen und auf einem Kuchengitter abkühlen lassen.

8 Beide Kuvertüresorten nach Packungsanweisung jeweils getrennt im heißen Wasserbad schmelzen. Die Muffins mit der Oberseite zuerst in die dunkle Kuvertüre eintauchen, abtropfen lassen und dann mit der hellen Kuvertüre hübsch verzieren.

▶ **Tipp:** Die Verzierung mit der hellen Schokolade können Sie mit einem Spritzbeutel machen. Wenn Sie ein solches nützliches Küchengerät nicht haben und sich auch nicht anschaffen wollen, geht es auch so:

Sie formen aus Butterbrotpapier oder Backpapier eine spitze Tüte, füllen die flüssige Schokolade löffelweise hinein, halten die Tüte über das erste Muffin und schneiden ein winziges Eckchen von der Spitze der Tüte ab. Je kleiner das Eckchen, desto feiner wird die Linie, die Sie ziehen können.

Sie wollen es noch einfacher? Dann füllen Sie die flüssige Schokolade in einen Gefrierbeutel und schneiden hier ein winziges Stück von einer Ecke ab. Auch so können Sie Ihre Muffins hübsch verzieren.

Knoppers-Muffins

Für den Belag
- ▷ **12 Knopperwaffeln**

Für den Teig
- ▷ **1 1/2 Tassen (210 g) Weißmehl**
- ▷ **1 Pck. (40 g) Schokopuddingpulver**
- ▷ **2 1/2 TL Backpulver**
- ▷ **1/2 TL Natron**
- ▷ **1/2 Tasse (60 g) gehackte Haselnüsse**
- ▷ **1/2 Tasse (70 g) Raspelschokolade oder Schokotröpfchen**
- ▷ **1 Ei**
- ▷ **2/3 Tasse (120 g) brauner oder weißer Zucker**
- ▷ **1/3 Tasse (80 ml) Pflanzenöl oder 1/2 Tasse (125 g) weiche Butter oder Margarine**
- ▷ **1 Tasse (250 g) Buttermilch oder Milch**

Für den Guss und zum Bestreuen
- ▷ **1 1/2 Tassen (140 g) Vollmilch- oder Haselnusskuvertüre, in Stücke gehackt**
- ▷ **3–4 EL gehackte Haselnüsse**

1 Den Backofen auf 190 °C (Umluft 170 °C) vorheizen.

2 Die Muffinsblechvertiefungen einfetten und mit Mehl bestäuben. Bitte keine Papierbackförmchen verwenden!

3 Bei den Knopperwaffeln die Ecken soweit abschneiden, dass diese in die Muffins-Blechvertiefungen hineinpassen.

4 In einer mittelgroßen Schüssel die trockenen Zutaten, d. h. Mehl, Schokopuddingpulver, Backpulver, Natron, die Haselnüsse, die Schokoladestückchen und die restlichen Schokowaffelstückchen, sorgfältig und gründlich vermischen.

5 In einer weiteren großen Schüssel das Ei aufschlagen und leicht verquirlen. Dann Zucker, Öl oder Butter und Buttermilch oder Milch hinzugeben und kurz verrühren. Zuletzt die trockenen Zutaten hinzufügen und vorsichtig unterheben. Nur so lange rühren, bis die trockenen Zutaten feucht geworden sind. Den Teig auf keinen Fall zu lange rühren!

6 Den Teig in die Muffinsblechvertiefungen einfüllen. Bei 180 °C (Umluft 160 °C) auf mittlerer Schiebeleiste 20 bis 25 Minuten backen. Die Muffins im Backblech 5 bis 10 Minuten ruhen lassen, dann aus den Förmchen nehmen und abkühlen lassen.

7 Für die Glasur die Kuvertüre im heißen Wasserbad schmelzen. Die Muffins einzeln darin eintauchen, leicht antrocknen lassen und mit gehackten Haselnüssen bestreuen.

Milky Way-Muffins

Für den Teig

- **4 Milky-Way-Riegel (à 25 g)**
- **1/2 Tasse (125 ml) Schlagsahne**
- **1 3/4–2 Tassen (250 g) Weißmehl**
- **2 1/2 TL Backpulver**
- **1/2 TL Natron**
- **1 Ei**
- **1/2 Tasse (90 g) brauner oder weißer Zucker**
- **1/3 Tasse (80 ml) Pflanzenöl oder 1/2 Tasse (125 g) weiche Butter oder Margarine**
- **1/2–3/4 Tasse (125–150 g) Buttermilch**

Für die Glasur

- **3 Milky-Way-Riegel (à 25 g)**
- **1/4 Tasse (60 ml) Schlagsahne**
- **3 Milky-Way-Riegel (à 25 g), in insgesamt 12 Stücke geschnitten**

1 Den Backofen auf 190 °C (Umluft 170 °C) vorheizen.

2 Die Muffinsblechvertiefungen einfetten oder mit Papierbackförmchen auskleiden, die Sie im Haushaltsgeschäft bekommen können.

3 Die Sahne zusammen mit den Milky-Way-Riegeln in einem kleinen Topf solange erhitzen, bis die Riegel geschmolzen sind, dann die Masse abkühlen lassen.

4 In einer mittelgroßen Schüssel die trockenen Zutaten, d.h. das Mehl mit dem Backpulver und dem Natron, sorgfältig miteinander vermischen.

5 In einer weiteren großen Schüssel das Ei leicht verquirlen. Die Milky-Way-Sahne, den Zucker, das Pflanzenöl und die Buttermilch dazugeben und gut verrühren.

6 Die Mehlmischung zum Eigemisch geben und nur so lange rühren, bis die trockenen Zutaten feucht geworden sind. Den Teig sollten Sie auf keinen Fall zu lange rühren.

7 Den Teig sofort in die Blechvertiefungen einfüllen. Bei 180 °C (Umluft 160 °C) auf der mittleren Schiebeleiste des Backofens 20 bis 25 Minuten backen.

8 Die Muffins im Backblech noch 5 bis 10 Minuten ruhen lassen, dann aus den Förmchen nehmen und auf einem Kuchengitter vollständig abkühlen lassen.

9 Die Sahne zusammen mit den Milky-Way-Riegeln so lange erhitzen, bis die Riegel vollständig geschmolzen sind. Die Masse abkühlen lassen. Die Muffins mit der Oberseite in die Glasur eintauchen und mit einigen Milky-Way-Riegelstückchen hübsch verzieren.

Mousse-au-Chocolat-Muffins

Für den Teig

- **1 3/4 Tassen (230 g) Weißmehl**
- **2 1/2 TL Backpulver**
- **1/2 TL Natron**
- **1/3 Tasse (40 g) Schokotröpfchen**
- **1 Ei**
- **2/3 Tasse (120 g) Zucker**
- **1 Pck. Vanillezucker**
- **1/3 Tasse (80 ml) Pflanzenöl oder 1/2 Tasse (125 g) weiche Butter oder Margarine**
- **1/2 Tasse (125 g) Buttermilch oder Milch**
- **3/4–1 Tasse (150–200 g) saure Sahne**
- **2 Becher (à 65 g) Mousse au Chocolat (Fertigprodukt)**

Für den Guss

- **1 Tasse (140 g) Vollmilchkuvertüre, in grobe Stücke gehackt**

1 Den Backofen auf 190 °C (Umluft 170 °C) vorheizen.

2 Die Muffinsblechvertiefungen einfetten oder mit Papierbackförmchen auskleiden, die Sie im Haushaltsgeschäft bekommen können.

3 In einer mittelgroßen Schüssel die trockenen Zutaten, d. h. Mehl, Backpulver, das Natron und die Schokotröpfchen, sorgfältig vermischen.

4 In einer weiteren großen Schüssel das Ei aufschlagen und leicht verquirlen. Dann Zucker, Vanillezucker, Öl oder Butter, die Buttermilch oder die Milch und das Mousse au Chocolat hinzufügen und kurz verrühren. Nur so lange rühren, bis die trocken Zutaten feucht geworden sind. Den Teig sollten Sie auf keinen Fall zu lange rühren.

5 Den Teig in die Muffinsblechvertiefungen einfüllen. Bei 180 °C (Umluft 160 °C) auf mittlerer Schiebeleiste 20 bis 25 Minuten backen.

6 Die Muffins noch 5 bis 10 Minuten im Backblech ruhen lassen, dann aus den Förmchen nehmen und auf einem Kuchengitter vollständig abkühlen lassen.

7 Die Kuvertüre nach Packungsanweisung im heißen Wasserbad schmelzen. Die Muffins darin mit der Oberseite eintauchen, abtropfen und leicht antrocknen lassen. Die Muffins nach Belieben hübsch verzieren, z. B. mit Schlagsahne und/oder mit Schokostreuseln.

▶ **Tipp:** Verzierungen mit Schlagsahne sollen Sie mit einem Spritzbeutel und der feinsten Sterntülle auf die Muffins spritzen. Wenn Sie den Spritzbeutel senkrecht halten und immer wieder stoppen, ergeben sich kleine Sternchen. Sicher fallen Ihnen viele verschiedene Muster ein, mit denen Sie Ihre Muffins besonders hübsch verzieren können.

Ein Esslöffel Kakaopulver, vor dem Schlagen in die Sahne gerührt, ergibt eine dunkle Sahne, die Sie abwechselnd mit der hellen Sahne verwenden können.

Verzierungen mit Linien aus flüssiger Schokolade bringen Sie am einfachsten auf die Muffins, wenn Sie sie in einen Gefrierbeutel füllen und eine winzige Ecke abschneiden. Je kleiner die Ecke, desto feiner die Linie.

Nutella-Muffins

Für den Teig

- 1 3/4–2 Tassen (250 g) Weißmehl
- 2 1/2 TL Backpulver
- 1/2 TL Natron
- 1/2 Tasse (60 g) gehackte Haselnüsse oder Haselnusskrokant (fertig gekauft aus dem Backregal)
- 1/2 Tasse (70 g) gehackte Schokostückchen
- 1 Ei
- 2/3 Tasse (120 g) brauner oder weißer Zucker
- 1/4 Tasse (60 ml) Pflanzenöl oder 1/4–1/2 Tasse (100 g) weiche Butter oder Margarine
- 3/4–1 Tasse (225–250 g) Buttermilch
- 1/2 Tasse (100 g) Nutella

Für die Glasur und zum Bestreuen

- 1/2 Tasse (100 g) Nutella
- 2–3 EL Milch
- 3–4 EL gehackte Haselnüsse oder Krokant (fertig gekauft aus dem Backregal)

1 Den Backofen auf 190 °C (Umluft 170 °C) vorheizen.

2 Die Muffinsblechvertiefungen einfetten oder mit Papierbackförmchen auskleiden, die Sie im Haushaltsgeschäft bekommen können.

3 In einer mittelgroßen Schüssel die trockenen Zutaten, d. h. Mehl mit dem Backpulver, dem Natron, dem Kakao und den Nüssen, sorgfältig und gründlich vermischen.

4 In einer weiteren großen Schüssel das Ei ganz leicht verquirlen. Dann den Zucker, Öl oder Butter, die Buttermilch und das Nutella hinzufügen und gut miteinander verrühren.

5 Die Mehlmischung dazugeben und nur so lange rühren, bis die trockenen Zutaten feucht geworden sind. Den Teig auf keinen Fall zu lange rühren!

6 Den Teig in die Muffinsblechvertiefungen einfüllen und mit gehackten Nüssen bestreuen. Bei 180 °C (Umluft 160 °C) auf der mittleren Schiebeleiste des Backofens 20 bis 25 Minuten backen.

7 Die Muffins im Backblech noch 5 bis 10 Minuten ruhen lassen, dann aus den Förmchen nehmen und nach Belieben noch warm servieren.

8 Für den Guss die Nutella-Creme im heißen Wasserbad erwärmen. Die Milch unterrühren. Die Masse gleichmäßig auf die Muffins streichen und mit gehackten Nüssen oder Krokant bestreuen.

▶ **Tipp:** Natürlich können Sie für dieses Rezept auch jede andere Nussnougatcreme verwenden. Diese Muffins erfreuen sich besonders bei Kindern großer Beliebtheit. Sie sollten Sie beim nächsten Kindergeburtstag unbedingt mit einplanen.

Aber auch viele Erwachsene hegen eine stille Leidenschaft für Nutella. Für diese Genießer können Sie die Nutella-Muffins eventuell noch mit einem kleinen Schuss Rum oder Cognac aufpeppen. Lassen Sie sich inspirieren!

Orangen-Schokoladen-Muffins

Zum Pürieren

- **1 Orange (100 g), geschält, in Stückchen geschnitten**
- **1/2–3/4 Tasse (150 ml) Orangensaft (frisch oder aus der Flasche)**

Für den Teig

- **2 Tassen (280 g) Weißmehl**
- **2 1/2 TL Backpulver**
- **1/2 TL Natron**
- **1/3 Tasse (50 g) Schokoladenstückchen**
- **2 EL Kakaopulver**
- **1 Ei**
- **3/4 Tasse (140 g) brauner oder weißer Zucker**
- **1/3 Tasse (80 ml) Pflanzenöl oder 1/2 Tasse (125 g) weiche Butter oder Margarine**
- **1/2–3/4 Tasse (150 g) saure Sahne (Schmant) oder Jogurt**

1 Den Backofen auf 190 °C (Umluft 170 °C) vorheizen.

2 Die Muffinsblechvertiefungen einfetten oder mit Papierbackförmchen auskleiden, die Sie im Haushaltsgeschäft bekommen können.

3 In einem Mixer die Orangenstückchen mit dem Orangensaft kräftig mixen und pürieren.

4 In einer weiteren Schüssel die trockenen Zutaten, d.h. Mehl, Backpulver, das Natron, die Schokostückchen und das Kakaopulver, sorgfältig und gründlich vermischen.

5 In einer weiteren großen Schüssel das Ei aufschlagen und ganz leicht verquirlen. Dann den Zucker, das Öl oder die Butter, die saure Sahne oder den Jogurt und das Orangengemisch hinzufügen und gründlich vermischen.

6 Zuletzt die trockenen Zutaten beifügen und vorsichtig unterheben, bis sie feucht geworden sind. Den Teig auf keinen Fall zu lange rühren!

7 Den Teig in die Muffinsblechvertiefungen einfüllen. Bei 180 °C (Umluft 160 °C) auf der mittleren Schiebeleiste des Backofens 20 bis 25 Minuten backen.

▶ **Tipp:** Orangen und Schokolade gehen bei diesem Rezept, wie so oft, eine ganz besonders köstliche Liaison ein. Eine besondere Note bekommen die Muffins durch einen Schuss Orangenlikör oder durch fein geriebene Orangenschale.

Eine hübsche Dekoration sind kandierte Orangenstückchen oder Streifen von Orangenschale. Kombinieren Sie sie mit einem Guss aus geschmolzener Schokolade (dunkel oder hell, ganz nach Belieben). Dazu schmelzen Sie die Schokolade oder Kuvertüre in einer Schüssel im heißen Wasserbad, rühren sie glatt und lassen sie ein wenig abkühlen (sie sollte aber noch flüssig sein). Dann tauchen Sie die Muffins mit der Oberseite in die Schokolade.

8 Die Muffins im Backblech 5 bis 10 Minuten ruhen lassen, dann aus den Förmchen nehmen und nach Belieben noch warm servieren.

Sachertorten-Muffins

Zum Schmelzen

- ▷ **3/4 Tasse (100 g) gehackte Zartbitter- oder Vollmilchschokolade**
- ▷ **1/3–1/2 Tasse (80 ml) Schlagsahne**

Für den Teig

- ▷ **1 3/4–2 Tassen (250 g) Weißmehl**
- ▷ **2 1/2 TL Backpulver**
- ▷ **1/2 TL Natron**
- ▷ **1/2 Tasse (40 g) gemahlene Mandeln oder Haselnüsse**
- ▷ **1 Ei**
- ▷ **3/4 Tasse (140 g) brauner oder weißer Zucker**
- ▷ **1/2 Tasse (125 g) weiche Butter oder Margarine**
- ▷ **2/3–3/4 Tasse (150–200 g) saure Sahne (Schmant)**

Für den Guss

- ▷ **1/2 Tasse (100 g) Aprikosenkonfitüre (nach Belieben)**
- ▷ **2–3 EL Rum oder Aprikosenlikör**
- ▷ **1 Tasse (200 g) Zartbitterschokolade**
- ▷ **1/2 Tasse (100 g) Marzipan (nach Belieben)**
- ▷ **1/2 Tasse (50 g) Puderzucker**

1 Den Backofen auf 190 °C (Umluft 170 °C) vorheizen.

2 Die Muffinsblechvertiefungen einfetten oder mit Papierbackförmchen auskleiden, die Sie im Haushaltsgeschäft bekommen können.

3 In einem kleinen Topf die Schokolade zusammen mit der Sahne so lange erhitzen, bis die Schokolade geschmolzen ist.

4 In einer mittelgroßen Schüssel die trockenen Zutaten, d.h. Mehl, Backpulver, das Natron und die Mandeln, sorgfältig und gründlich vermischen.

5 In einer weiteren großen Schüssel das Ei aufschlagen und ganz leicht verquirlen. Dann den Zucker, die Butter, die saure Sahne und die Schoko-Sahne hinzufügen und gründlich verrühren.

6 Zuletzt die trockenen Zutaten beifügen und sehr vorsichtig unterheben. Nur so lange rühren, bis die trocken Zutaten feucht geworden sind. Sie sollten den Teig auf keinen Fall zu lange rühren.

7 Den Teig in die Muffinsblechvertiefungen einfüllen. Bei 180 °C (Umluft 160 °C) auf der mittleren Schiebeleiste des Backofens 20 bis 25 Minuten backen.

8 Die Muffins noch 5 bis 10 Minuten im Backblech ruhen lassen, dann aus den Förmchen nehmen und auf einem Kuchengitter vollständig abkühlen lassen.

9 Wahlweise die Aprikosenkonfitüre durch ein Sieb streichen und mit dem Rum kurz erhitzen. Die Muffins damit bestreichen und gut antrocknen lassen. Die Kuvertüre nach Packungsanweisung im heißen Wasserbad schmelzen. Die Muffins einzeln mit der Oberseite darin eintauchen und leicht antrocknen lassen. Nach Belieben das Marzipan mit dem Puderzucker verkneten und ausrollen. 12 »S«-Buchstaben ausstechen und auf die Muffins legen, und fertig sind die fast originalgetreuen Sachertörtchen.

Schoko-Cookie-Muffins

Für den Teig

- **1 Pck (150 g) Schoko Cookies (z. B. Chocolate Mountain, Big Nut, Ihre Lieblingssorte, gern auch selbst gebacken)**
- **1 3/4–2 Tassen (250 g) Weißmehl**
- **2 1/2 TL Backpulver**
- **1/2 TL Natron**
- **1 Ei**
- **2/3 Tasse (120 g) brauner oder weißer Zucker**
- **1 Pck. Vanillezucker**
- **1/3 Tasse (80 ml) Pflanzenöl oder 1/2 Tasse (125 g) weiche Butter oder Margarine**
- **1–1 1/4 Tassen (ca. 275 g) Buttermilch, Sauermilch oder Milch**

1 Den Backofen auf 190 °C (Umluft 170 °C) vorheizen.

2 Die Muffinsblechvertiefungen einfetten oder mit Papierbackförmchen auskleiden, die Sie im Haushaltsgeschäft bekommen können.

3 Die Cookies in einen Gefrierbeutel geben, diesen verschließen und mit einem Nudelholz mehrmals darüber rollen, bis die Kekse zerbröselt sind. Ca. 50 Gramm der Brösel für den Belag beiseite legen.

4 In einer mittelgroßen Schüssel die trockenen Zutaten, d. h. Mehl, Backpulver, Natron und die Keksbrösel, sorgfältig und gründlich vermischen.

5 In einer weiteren großen Schüssel das Ei aufschlagen und ganz leicht verquirlen. Dann Zucker, Vanillezucker, Öl oder Butter und Buttermilch oder Milch hinzugeben und kurz verrühren.

6 Zuletzt die trockenen Zutaten hinzufügen und vorsichtig unterheben. Nur so lange rühren, bis die trockenen Zutaten feucht geworden sind. Den Teig nicht zu lange rühren!

7 Den Teig in die Muffinsblechvertiefungen einfüllen und mit den restlichen Keksbröseln bestreuen. Bei 180 °C (Umluft 160 °C) auf mittlerer Schiebeleiste 20 bis 25 Minuten backen.

8 Die Muffins im Backblech noch 5 bis 10 Minuten ruhen lassen, dann aus den Förmchen nehmen und nach Belieben noch warm servieren!

Schokokuss-Muffins

Für den Teig

- **12 Mini-Schokoküsse**
- **1 3/4–2 Tassen (250 g) Weißmehl**
- **2 1/2 TL Backpulver**
- **1/2 TL Natron**
- **1 Ei**
- **1/4 Tasse (45 g) brauner oder weißer Zucker**
- **1 Pck. Vanillezucker**
- **1/3 Tasse (80 ml) Pflanzenöl oder 1/2 Tasse (125 g) weiche Butter oder Margarine**
- **3/4–1 Tasse (200 g) Buttermilch**

Für die Füllung

- **12 Mini-Schokoküsse**

Für die Glasur

- **12 Mini-Schokoküsse**
- **1/2 Pck. (100 g) Mascarpone oder feiner Sahnequark**
- **2–3 EL Puderzucker**

1 Den Backofen auf 190 °C (Umluft 170 °C) vorheizen. Die Muffinsblechvertiefungen einfetten. Bitte keine Papierbackförmchen verwenden!

2 Von den Schokoküssen die Waffel abschneiden und in kleine Stückchen schneiden. In einer mittelgroßen Schüssel das Mehl mit dem Backpulver, dem Natron und den Waffelstückchen sorgfältig und gründlich vermischen.

3 In einer weiteren großen Schüssel das Ei leicht verquirlen. Dann den Zucker, Vanillezucker, die Mohrenkopfoberteile, das Öl oder die Butter und die Buttermilch dazufügen und sehr gründlich miteinander verrühren.

4 Die Mehlmischung zum Eigemisch geben und dabei nur so lange rühren, bis die trockenen Zutaten feucht geworden sind. Den Teig sollten Sie auf keinen Fall zu lange rühren!

5 Den Teig in die Muffinsblechvertiefungen einfüllen. Bei 180 °C (Umluft 160 °C) auf der mittleren Schiebeleiste des Backofens 20 bis 25 Minuten backen.

6 Die Muffins im Backblech noch 5 bis 10 Minuten ruhen lassen, dann aus den Förmchen nehmen und auf einem Kuchengitter vollständig abkühlen lassen.

7 Mit einem scharfen Messer die Muffins waagerecht durchschneiden und je einen Schokokuss zwischen den Muffinshälften zerdrücken.

8 Für die Glasur den Mascarpone oder Sahnequark mit Puderzucker sorgfältig verrühren. Von den Mini-Schokoküssen die Waffeln abschneiden. Die Schokoküsse zerdrücken und vorsichtig unter die Mascarpone-Masse heben. Die Muffins damit bestreichen und mit den Schokokuss-Waffeln verzieren.

Schokoladen-Bananen-Muffins

Für den Teig

- **1 1/2 Tassen (210 g) Weißmehl**
- **2 1/2 TL Backpulver**
- **1/2 TL Natron**
- **1/4 TL Zimt**
- **2 EL Kakaopulver**
- **1/2 Tasse (70 g) Schokoladenstückchen**
- **1 Ei**
- **2/3 Tasse (120 g) brauner oder weißer Zucker**
- **1/3 Tasse (80 ml) Pflanzenöl oder 1/2 Tasse (125 g) weiche Butter oder Margarine**
- **1/2 Tasse (125 g) Buttermilch**
- **1 Tassen (250 g) zerdrückte, reife Bananen (das entspricht in etwa 3 mittelgroßen Bananen)**

1 Den Backofen auf 190 °C (Umluft 170 °C) vorheizen.

2 Die Muffinsblechvertiefungen einfetten oder mit Papierbackförmchen auskleiden, die Sie im Haushaltsgeschäft bekommen können.

3 In einer mittelgroßen Schüssel die trockenen Zutaten, d. h. Mehl, Backpulver, das Natron, das Zimt und das Kakaopulver und wahlweise die Schokostückchen, sorgfältig und gründlich vermischen.

4 In einer weiteren großen Schüssel das Ei aufschlagen und ganz leicht verquirlen. Dann den Zucker, das Öl oder Butter, die Buttermilch und die angerührte Bananenmasse hinzugeben und sehr gründlich vermischen.

5 Zuletzt die trockenen - Zutaten beifügen und sehr vorsichtig unterheben, bis sie feucht geworden sind. Den Teig sollten Sie auf keinen Fall zu lange rühren!

6 Den Teig in die Muffinsblechvertiefungen einfüllen. Bei 180 °C (Umluft 160 °C) auf mittlerer Schiebeleiste 20 bis 25 Minuten backen.

7 Die Muffins im Backblech noch 5 bis 10 Minuten ruhen lassen, dann vorsichtig aus den Förmchen nehmen und nach Belieben noch warm, lauwarm oder kalt servieren.

▶ **Tipp:** Diese Muffins sind der Hit auf jedem Kindergeburtstag. Glasieren und verzieren Sie diese Muffins nach Belieben mit Schokolade oder Zuckerguss. Auch Geleebananen sind zum Dekorieren bestens geeignet und werden von den meisten kleinen Essern heiß geliebt. Dann müssen die Muffins allerdings vor dem Dekorieren auf einem Kuchengitter vollständig abkühlen, damit die Glasur nicht zerläuft.

Wenn Sie die Buttermilch weglassen und die Butter durch Öl oder Margarine ersetzen möchten, können Sie dem Teig einfach noch eine weitere zerdrückte Banane hinzufügen. Der Geschmack wird dann noch voller, und die Muffins enthalten dann keinerlei Milchprodukte. Diese Muffins eignen sich dann hervorragend für Menschen mit einer Unverträglichkeit von Milcheiweiß!

Schokoladen-Brownie-Muffins

Für den Teig

- **3/4 Tasse (90 g) Vollkornmehl**
- **1 Tasse (140 g) Weißmehl**
- **2 1/2 TL Backpulver**
- **1/2 TL Natron**
- **1/2 TL Zimt**
- **2 EL Kakaopulver**
- **3/4 Tasse (100 g) gehackte Walnüsse**
- **1 Ei**
- **2/3 Tasse (120 g) brauner oder weißer Zucker**
- **1/3 Tasse (80 ml) Pflanzenöl oder 1/2 Tasse (125 g) weiche Butter oder Margarine**
- **1 TL Vanille-Backaroma**
- **1–1 1/4 Tassen (250–275 g) Buttermilch oder Milch**

Für den Guss und den Belag

- **1 Tasse (140 g) Vollmilchkuvertüre, in Stücke gehackt**
- **12 Walnusshälften oder 3–4 EL gehackte Walnüsse**

1 Den Backofen auf 190 °C (Umluft 170 °C) vorheizen.

2 Die Muffinsblechvertiefungen einfetten oder mit Papierbackförmchen auskleiden, die Sie im Haushaltsgeschäft bekommen können.

3 In einer mittelgroßen Schüssel die trockenen Zutaten, d.h. Mehl, Backpulver, Natron, Zimt, den Kakao und die Nüsse, sorgfältig und gründlich vermischen.

4 In einer weiteren großen Schüssel das Ei aufschlagen und leicht verquirlen. Dann Zucker, Öl oder Butter, die Vanille und die Buttermilch hinzufügen und gut vermischen.

5 Zuletzt die trockenen Zutaten beifügen und vorsichtig unterheben, bis sie feucht geworden sind. Den Teig nicht zu lange rühren!

6 Den Teig in die Muffinsblechvertiefungen einfüllen. Bei 180 °C (Umluft 160 °C) auf der mittleren Schiebeleiste des Backofens 20 bis 25 Minuten backen. Die Muffins im Backblech noch 5 bis 10 Minuten ruhen lassen, dann aus den Förmchen nehmen und auf einem Kuchengitter vollständig abkühlen lassen.

7 Für den Guss die Kuvertüre nach Packungsanweisung im heißen Wasserbad schmelzen. Die Muffins darin eintauchen, leicht antrocknen und mit je 1 Walnusshälfte belegen oder mit gehackten Nüssen bestreuen.

▶ **Tipp:** Statt der Kuvertüre können Sie auch Ihre Lieblingsschokolade nehmen, um den Guss herzustellen.

Statt der Walnüsse können Sie auch ganze oder gehackte Haselnüsse, Mandelsplitter oder Mandelblättchen verwenden. Sehr gut schmeckt auch Krokant, den Sie entweder aus gehackten Haselnüssen und Zucker selbst herstellen können oder fertig im Backregal des Supermarktes finden, genau dort, wo Sie auch Nüsse und Mandeln und alle anderen Backzutaten kaufen können. Legen Sie sich ruhig einen kleinen Vorrat an verschiedenen Zutaten an, dann bringt Sie kein Überraschungsbesuch mehr aus der Fassung.

Schokoladen-Erdbeer-Muffins

Für den Teig

- 2 Tassen (360 g) Erdbeeren
- 1 Tasse (120 g) Vollkornmehl
- 1 Tasse (140 g) Weißmehl
- 2 1/2 TL Backpulver
- 1/2 TL Natron
- 2 EL Kakaopulver
- 1/2 Tasse (60 g) Schokostückchen
- 1 Ei
- 2/3 Tasse (120 g) brauner oder weißer Zucker
- 1 Pck. Vanillezucker
- 1/3 Tasse (80 ml) Pflanzenöl oder 1/2 Tasse (125 g) weiche Butter oder Margarine
- 1–1 1/4 Tassen (275 g) Buttermilch

Für die Verzierung

- 1/2 Tasse (125 ml) Schlagsahne
- 2 EL Puderzucker (wahlweise)

1 Backofen auf 190 °C (Umluft 170 °C) vorheizen.

2 Die Muffinsblechvertiefungen einfetten oder mit Papierbackförmchen auskleiden, die Sie im Haushaltsgeschäft bekommen können.

3 Zwölf besonders schöne Erdbeeren für den Belag beiseite legen. Die restlichen Erdbeeren in grobe Stücke schneiden.

4 In einer Schüssel die trockenen Zutaten, d. h. Mehl, Backpulver, Natron, das Kakaopulver und die Schokostückchen, sorgfältig vermischen.

5 In einer weiteren großen Schüssel das Ei aufschlagen und leicht verquirlen. Dann den Zucker, Vanillezucker, das Öl oder die Butter und die Buttermilch hinzufügen und gut vermischen. Die trockenen Zutaten beifügen und kurz unterheben, bis sie feucht geworden sind. Den Teig sollten Sie auf keinen Fall zu lange rühren.

6 Zuletzt die Erdbeerstückchen vorsichtig unterheben. Den Teig auf jeden Fall nur so lange rühren, bis die trockenen Zutaten feucht geworden sind.

7 Den Teig in die Muffinsblechvertiefungen einfüllen. Bei 180 °C (Umluft 160 °C) auf mittlerer Schiebeleiste 20 bis 25 Minuten backen. Die Muffins im Backblech 5 bis 10 Minuten ruhen lassen, dann aus den Förmchen nehmen und auf einem Kuchengitter vollständig abkühlen lassen.

8 Die Sahne steif schlagen, in einen Spritzbeutel füllen und die Muffins damit hübsch verzieren. Je eine Erdbeere auf die Muffins setzen und nach Belieben mit Puderzucker bestreuen.

▶ **Tipp:** Schokolade und Erdbeeren – eine verführerische Mischung für alle Genießer. Erdbeeren lassen sich sehr gut mit Minzeblättchen oder Zitronenmelisse kombinieren. Als Dekoration zu den Muffins macht sich das Grün der Kräuter wunderbar. Beide Kräuter können Sie ganz leicht im Topf oder Balkonkasten selber ziehen. So haben Sie immer einen Vorrat zur Hand. Aber mit Erdbeeren geht noch mehr: Kombinieren Sie in Ihren Muffins auch einmal mit Sekt, Likör oder – es schmeckt wirklich köstlich! – mit ein wenig grünem Pfeffer aus dem Glas. Nutzen Sie die Erdbeerzeit!

Schwarz-Weiß-Muffins

Für den Teig

- 2 Tassen (280 g) Weißmehl
- 2 1/2 TL Backpulver
- 1/2 TL Natron
- 1 Ei
- 2/3 Tasse (120 g) brauner oder weißer Zucker
- 1/3 Tasse (80 ml) Pflanzenöl oder 1/2 Tasse (125 g) weiche Butter oder Margarine
- 2/3 Tasse (150 g) saure Sahne
- 2/3 Tasse (160 g) Buttermilch
- 1/3 Tasse (45 g) Vollmilchschokolade, in nicht zu kleine Stückchen gehackt
- 1 EL Kakaopulver
- 3 EL Milch
- 1/3 Tasse (40 g) weiße Schokolade, in nicht zu kleine Stückchen geschnitten

Für die Glasur

- 1/2 Tasse (70 g) Vollmilchkuvertüre, in Stücke gehackt
- 1/2 Tasse (70 g) weiße Kuvertüre, in Stücke gehackt

1 Den Backofen auf 190 °C (Umluft 170 °C) vorheizen. Die Muffinsblechvertiefungen einfetten. Bitte keine Papierbackförmchen verwenden!

2 In einer mittelgroßen Schüssel die trockenen Zutaten, d. h. das Mehl mit dem Backpulver und dem Natron, sorgfältig vermischen.

3 In einer weiteren großen Schüssel das Ei leicht verquirlen. Dann den Zucker, das Öl oder die Butter und die Buttermilch dazugeben und gut verrühren.

4 Die Mehlmischung zum Eigemisch geben und nur so lange rühren, bis die trockenen Zutaten feucht geworden sind. Den Teig sollten Sie auf keinen Fall zu lange rühren!

5 Die Hälfte des Teigs in eine separate kleine Schüssel geben. Die Vollmilchschokoladestückchen, Kakaopulver und Milch hinzufügen und verrühren. Zur anderen Teighälfte die weiße Schokolade hinzufügen und vorsichtig unterheben.

6 Zuerst den dunklen Teig, dann den hellen in die Muffinsblechvertiefungen einfüllen. Bei 180 °C (Umluft 160 °C) auf mittlerer Schiebeleiste 20 bis 25 Minuten backen.

7 Die Muffins im Backblech noch 5 bis 10 Minuten ruhen lassen, dann aus den Förmchen nehmen und auf einem Kuchengitter vollständig abkühlen lassen.

8 Die beiden Kuvertüre-Sorten nach Packungsanweisung getrennt im heißen Wasserbad schmelzen. Die Muffins mit einer Hälfte in die dunkle Kuvertüre, mit der anderen in die helle Kuvertüre eintauchen und antrocknen lassen.

► **Tipp:** Der besondere Reiz der Schwarz-Weiß-Muffins ergibt sich aus dem Kontrast von Hell und Dunkel. Wenn Sie den Teig vor dem Backen mit einer Gabel leicht durchziehen, bekommen Sie Marmor-Muffins. Und wenn Sie den Teig teelöffelweise abwechselnd hell und dunkel einfüllen, ergibt sich ein Zebramuster.

Yogurette-Erdbeer-Muffins

Für den Teig und die Verzierung

- ▷ 1 Pck. (100 g) Yogurette-Schokoriegel (8 Riegel mit Erdbeer-Sahne-Geschmack)
- ▷ 2 Tassen (360 g) Erdbeeren

Für den Teig

- ▷ 1 3/4–2 Tassen (250 g) Weißmehl
- ▷ 2 1/2 TL Backpulver
- ▷ 1/2 TL Natron
- ▷ 2 EL Kakaopulver (wahlweise)
- ▷ 1 Ei
- ▷ 3/4 Tasse (140 g) brauner oder weißer Zucker
- ▷ 1/3 Tasse (80 ml) Pflanzenöl oder 1/2 Tasse (125 g) weiche Butter oder Margarine
- ▷ 3/4–1 Tasse (200 g) Natur- oder Erdbeerjogurt
- ▷ 1/4–1/3 Tasse (75 ml) Schlagsahne oder Milch z. B. mit Erdbeergeschmack

Für die Verzierung

- ▷ 1/2 Tasse (125 ml) Schlagsahne
- ▷ 2 EL Puderzucker

1 Den Backofen auf 190 °C (Umluft 170 °C) vorheizen.

2 Die Muffinsblechvertiefungen einfetten oder mit Papierbackförmchen auskleiden, die Sie im Haushaltsgeschäft bekommen können.

3 Die Yogurette-Riegel in kleine Stückchen schneiden. Die Erdbeeren waschen und die Stiele entfernen. 12 kleine oder 6 große Erdbeeren für die Verzierung beiseite legen. Große Erdbeeren jeweils halbieren.

4 In einer mittelgroßen Schüssel die trockenen Zutaten, d. h. Mehl, Backpulver, Natron, wahlweise den Kakao und die Yogurette-Stückchen, sorgfältig vermischen.

5 In einer weiteren großen Schüssel das Ei aufschlagen und leicht verquirlen. Dann Zucker, Öl oder Butter, den Jogurt oder die Milch, die Schlagsahne und die Erdbeerstückchen hinzugeben und kurz verrühren. Zuletzt die trockenen Zutaten hinzufügen und vorsichtig unterheben. Nur so lange rühren, bis die trockenen Zutaten feucht sind.

6 Den Teig in die Muffinsblechvertiefungen einfüllen. Bei 180 °C (Umluft 160 °C) auf mittlerer Schiebeleiste 20 bis 25 Minuten backen. Die Muffins im Backblech 5 bis 10 Minuten ruhen lassen, dann aus den Förmchen nehmen und abkühlen lassen.

7 Für die Verzierung die Schlagsahne steif schlagen, in einen Spritzbeutel füllen und die Muffins mit Sahnetupfen verzieren. Je eine Erdbeere auf die Muffins setzen und nach Belieben mit dem Puderzucker bestreuen.

Ananas-Sahne-Muffinstorte

Für den Teig
- **1 3/4–2 Tassen (250 g) Weißmehl**
- **3 TL Backpulver**
- **2 EL Kakaopulver**
- **1/2 Tasse (60 g) Raspelschokolade**
- **1 Ei**
- **3/4 Tasse (140 g) brauner oder weißer Zucker**
- **1/3 Tasse (80 ml) Pflanzenöl oder 1/2 Tasse (125 g) weiche Butter oder Margarine**
- **1–1 1/4 Tassen (275 ml) Milch oder Buttermilch**

Für die Tortencreme
- **1/4 Tasse (60 ml) Rum oder Ananassaft**
- **1 Dose (350 g) Ananas, in Scheiben oder Stücken**
- **7–8 Blatt weiße Gelatine**
- **1/2 Tasse (125 ml) Ananassaft (Auffangflüssigkeit)**
- **2 Tassen (500 ml) Schlagsahne**
- **2 1/2 Tassen (500 g) Quark**
- **3/4 Tasse (140 g) Zucker**
- **1 Pck. Vanillezucker**

Für die Verzierung
- **1/2 Tasse (125 ml) Schlagsahne**
- **1/4 Tasse (30 g) Raspelschokolade**

1 Den Backofen auf 190 °C (Umluft 170 °C) vorheizen. Die Muffinsblechvertiefungen einfetten. Eine Springform (Ø 26 cm) einfetten und mit Mehl bestäuben.

2 In einer Schüssel die trockenen Zutaten, d. h. Mehl, Backpulver, den Kakao und die Raspelschokolade, vermischen. In einer weiteren Schüssel das Ei verquirlen. Dann Zucker, Vanillezucker, Pflanzenöl oder Butter und Milch oder Buttermilch hinzugeben. Die Mehlmischung zur Eimasse geben und rühren, bis die trockenen Zutaten feucht sind.

3 Zwei Drittel des Teigs in die Springform geben und glatt streichen. Den restlichen Teig in das Muffinsblech einfüllen (ergibt 3 bis 4 Muffins). Bei 180 °C (Umluft 160 °C) auf mittlerer Schiebeleiste ca. 20 Minuten backen. Die Muffins 5 bis 10 Minuten ruhen lassen, aus den Förmchen nehmen und abkühlen lassen. Den Boden aus der Form lösen und abkühlen lassen. Das Backpapier abziehen. Den Boden und die Muffins mit Rum beträufeln.

4 Die Ananas in einem Sieb abtropfen. Den Saft auffangen. 12 Ananasstückchen für die Verzierung beiseite legen. Für die Füllung die Gelatine in kaltem Wasser auflösen, dann ausdrücken. 125 ml Ananassaft erwärmen (Vorsicht – nicht kochen!) und die Gelatine darin auflösen, dann erkalten lassen. Die Sahne steif schlagen. Den Quark in eine Schüssel geben und zusammen mit dem Zucker und dem Vanillezucker mit einem Handrührgerät aufschlagen. Den Ananassaft hinzufügen und weiterrühren. Die Sahne unterheben.

5 Den Teigboden auf eine Kuchenplatte legen, einen Tortenring darumlegen und fest anziehen. Die Muffins auf den Teigboden setzen, dann die Ananasstückchen daneben verteilen. Die Quarkcreme auf den Teigboden geben und glatt streichen. Die Muffinstorte im Kühlschrank über Nacht kalt stellen. Die restliche Sahne steif schlagen. Die Torte nach Belieben mit Sahnetupfen, den restlichen Ananasstückchen und mit Raspelschokolade hübsch verzieren!

Apfel-Puddingcreme-Küchlein

Für den Teig

- **1 1/2 Tassen (210 g) Weißmehl**
- **1/2 Pck. Backpulver**
- **1/3 Tasse (60 g) Zucker**
- **3/4 Tasse (100 g) Butter oder Margarine, in Flöckchen**
- **2 EL Essig**
- **1 Ei**

Für den Belag

- **2 mittelgroße Äpfel (z. B. Boskop), (ca. 150 g) grob geraspelt oder klein geschnitten**

Für den Guss

- **1/2 Tasse (125 ml) Milch**
- **1/3–1/2 Tasse (200 ml) Schlagsahne**
- **2 ganze Eier**
- **1 Eigelb**
- **2–3 EL brauner oder weißer Zucker**
- **1/4 Tasse (50 g) weiche Butter oder Margarine**
- **1 Prise Salz**
- **3–4 EL (ca. 30 g) Mondamin**

1 Den Backofen auf 180 °C (Umluft 170 °C) vorheizen. Die Muffinsblechvertiefungen einfetten und nach Belieben mit Mehl bestäuben.

2 Alle Zutaten in eine Schüssel geben und zu einem geschmeidigen Mürbeteig verkneten. Den Teig nach Belieben 30 Minuten im Kühlschrank kalt stellen.

3 Danach den Teig in 12 gleichgroße Stücke aufteilen. Den Mürbeteig in die 12 Blechvertiefungen verteilen und jeweils eine Mulde hineindrücken. Nach Belieben mit einem Messer die oberen Randhälften abschneiden.

4 Die Apfelstückchen auf dem Mürbeteigboden gleichmäßig verteilen.

5 Für den Guss die Milch, die Sahne, die Eier, das Eigelb, den Zucker, die Butter, das Salz und das Mondamin in einen Kochtopf geben und gut verrühren. Die Masse unter ständigem Rühren kurz aufkochen (Vorsicht: Anbrenngefahr!), leicht abkühlen lassen und dann gleichmäßig auf die Apfeltörtchen verteilen.

6 Die Törtchen bei 180 °C (Umluft 160 °C) auf mittlerer Schiebeleiste 25 bis 30 Minuten backen. Die Küchlein im Backblech noch 5 bis 10 Minuten ruhen lassen, dann vorsichtig aus den Förmchen nehmen und nach Belieben noch warm servieren.

▶ **Tipp:** Die Kombination von Äpfeln und feiner Puddingcreme ist besonders im Sommer ein beliebter Genuss. Aber wie bei fast allen Muffins gilt auch hier: Experimentieren Sie, lassen Sie sich immer wieder Neues einfallen! Die Äpfel können Sie natürlich durch heimische Früchte wie Birnen, Pfirsiche, Aprikosen ersetzen, wobei Sie entweder auf die frische Ware der Saison zurückgreifen oder auf Ihren Vorrat an tiefgefrorenem oder eingekochtem Obst. Sie können aber auch – das ist besonders im Winter sehr beliebt – die exotischen Früchte ausprobieren, die in großer Vielfalt auf dem Markt oder im Supermarkt zu bekommen sind. Lassen Sie Ihrer Phantasie und Kreativität freien Lauf. Bald werden Sie Ihre eigenen Muffinskreationen stolz Ihren Gästen und Ihrer Familie präsentieren.

Fruchttörtchen

Für den Teig
- 1 3/4–2 Tassen (250 g) Weißmehl
- 1 Prise Salz
- 1 Ei
- 1/2 Tasse (70 g) Zucker
- 1 Pck. Vanillezucker
- 1/2 Tasse (125 g) Butter,
- Erbsen zum Blindbacken

Für die Füllung

Variante I: Jogurtcreme
- 4–5 Blatt weiße Gelatine
- 1 Tasse (250 g) Jogurt
- 1/3 Tasse (60 g) Zucker
- 1 EL Zitronensaft
- 3/4 Tasse (175 g) Schlagsahne

Variante II: Frischkäsecreme
- 4 Blatt weiße Gelatine
- 3/4 Tasse (200 g) Frischkäse
- 1/3 Tasse (60 g) Puderzucker
- 1 Pck. Vanillezucker
- 1 Tasse (250 ml) Schlagsahne

Variante III: Puddingcreme
- 2/3 Tasse (150 ml) Milch
- 2/3 Tasse (150 ml) Schlagsahne
- 1 Pck. Vanillepuddingpulver
- 1–2 EL Zucker
- 1 Pck. Vanillezucker
- 3 EL Butter

Für den Belag und die Verzierung
- 1 Tasse (200 g) Früchte aller Art
- 1 Becher (200 g) Schlagsahne
- 1 Pck. Vanillezucker (wahlweise)
- 3–4 EL Schokostreusel, Raspelschokolade oder gehackte Nüsse

1 Den Backofen auf 190 °C (Umluft 170 °C) vorheizen. Die Muffinsblechvertiefungen einfetten und mit Mehl bestäuben.

2 Alle Zutaten in eine Schüssel geben und zu einem geschmeidigen Mürbeteig verkneten. Danach den Teig in 12 gleichgroße Stücke aufteilen. Den Mürbeteig in die 12 Muffins-Blechvertiefungen verteilen und jeweils eine Mulde hineindrücken. Nach Belieben mit einem Messer die oberen Randhälften abschneiden. Die Törtchen mit Erbsen füllen und im heißen Backofen bei 180 °C (Umluft 160 °C) auf mittlerer Schiebeleiste 15 bis 20 Minuten backen. Die Törtchen in der Backform abkühlen lassen, dann vorsichtig aus den Förmchen nehmen.

Füllungen

Variante I

Die Gelatine in kaltem Wasser einweichen. Dann Jogurt, Zucker und Zitronensaft verrühren. Gelatine ausdrücken, in 3 Esslöffeln warmem Wasser auflösen und unter die Jogurtmasse rühren. Die Sahne schlagen und unterheben. Die Creme auf die Törtchen verteilen und im Kühlschrank fest werden lassen.

Variante II

Die Gelatine in kaltem Wasser einweichen. Frischkäse, Puderzucker und Vanillezucker verrühren. Die Gelatine ausdrücken, in 3 Esslöffeln warmem Wasser auflösen und unter die Frischkäsemasse rühren. Die Sahne schlagen und unterheben. Die Creme auf die Törtchen verteilen und im Kühlschrank fest werden lassen.

Variante III

50 ml kalte Milch mit Puddingpulver, Zucker und Vanillezucker verrühren. Die restliche Milch mit der Sahne aufkochen. Das Puddingpulver unterrühren. Butter hinzufügen. Die Masse abkühlen lassen, auf die Törtchen verteilen und fest werden lassen.

Giotto-Nuss-Muffinstorte

Für die Tortencreme und die Verzierung

- 1 Pck. (180 g) Giottos

Für den Teig

- 1 1/2 Tassen (210 g) Weißmehl
- 3/4 Tasse (90 g) gemahlene Haselnüsse
- 2 1/2 TL Backpulver
- 1/2 TL Natron
- 1 Ei
- 2/3 Tasse (120 g) brauner oder weißer Zucker
- 1 Pck. Vanillezucker
- 1/3 Tasse (80 ml) Pflanzenöl oder 1/2 Tasse (125 g) weiche Butter
- 1 1/4 Tassen (325 g) Jogurt

Für die Tortencreme

- 1/2 Tasse (125 ml) Haselnusslikör
- 7–8 Blatt weiße Gelatine
- 1 2/3 Tassen (400 ml) Schlagsahne
- 1/2–3/4 Tasse (200 g) Frischkäse
- 1 2/3 Tassen (400 g) Jogurt
- 1/2 Tasse (90 g) Zucker

Zum Beträufeln

- 1/4 Tasse (60 ml) Haselnusslikör

Für die Verzierung

- 1/2 Tasse (125 ml) Sahne

1 Backofen auf 190 °C (Umluft 170 °C) vorheizen. Die Muffinsblechvertiefungen einfetten. Eine Springform (Ø 26 cm) einfetten.

2 16 der Giottos für die Verzierung beiseite legen. Die restlichen 24 Giottos mit einer Gabel zerdrücken.

3 In einer Schüssel die trockenen Zutaten, d. h. Mehl, Nüsse, Backpulver und das Natron, sorgfältig vermischen. In einer weiteren Schüssel das Ei verquirlen. Dann Zucker, Vanillezucker, Pflanzenöl oder Butter und Jogurt hinzugeben und verrühren. Die Mehlmischung zur Eimasse geben und rühren, bis die trockenen Zutaten feucht sind.

4 Zwei Drittel des Teigs in die Springform geben und glatt streichen. Den restlichen Teig in ein Muffinsblech einfüllen (die Teigmenge ergibt 1 Boden und 3 bis 4 Muffins). Bei 180 °C (Umluft 160 °C) auf mittlerer Schiebeleiste ca. 20 Minuten backen. Die Muffins im Backblech 5 Minuten ruhen lassen, aus den Förmchen nehmen und abkühlen lassen. Den Boden aus der Form lösen und abkühlen lassen.

5 Für die Füllung die Gelatine in kaltem Wasser auflösen, dann auswringen. Den Haselnusslikör erwärmen (Vorsicht – nicht kochen!). Die Gelatine darin auflösen, dann leicht abkühlen lassen. Die Sahne steif schlagen. Den Jogurt und den Frischkäse in eine Schüssel geben und zusammen mit dem Zucker und den zerdrückten Giottos mit einem Handrührgerät schaumig schlagen. Den Likör hinzufügen und weiterrühren. Die Sahne unterheben.

6 Den Teigboden auf eine Kuchenplatte legen, einen Tortenring darumlegen und fest anziehen. Die Muffins auf den Teigboden setzen. Nach Belieben den Boden und die Muffins mit Likör beträufeln. Die Creme auf den Teigboden geben und glatt streichen. Die Muffinstorte im Kühlschrank über Nacht kalt stellen. Die restliche Sahne steif schlagen und in einen Spritzbeutel füllen. Die Muffinstorte mit Sahnetupfen und den restlichen Giottos verzieren!

Mousse-au-Chocolat-Muffinstorte

Für den Teig

- 1 3/4–2 Tassen (250 g) Weißmehl
- 1/2 Tasse (60 g) gehackte Mandeln
- 2 1/2 TL Backpulver
- 1/2 TL Natron
- 1 Ei
- 2/3 Tasse (120 g) brauner oder weißer Zucker
- 1 Pck. Vanillezucker
- 1/3 Tasse (80 ml) Pflanzenöl oder 1/2 Tasse (125 g) weiche Butter
- 1 Tasse (250 g) Buttermilch oder Milch

Für die Füllung

- 1 Pck. Mousse au Chocolat (Tortencremepulver für 650 ml Flüssigkeit, Dr. Oetker)
- 1 1/2–1 3/4 Tassen (400 ml) Milch
- 1 Tasse (250 ml) Schlagsahne

Für den Belag

- 1 große Dose (460 g) Birnenhälften

Für die Verzierung

- 1/2 Tasse (125 ml) Schlagsahne
- 2–3 EL Raspelschokolade oder Schokostreusel

1 Den Backofen auf 190 °C (Umluft 170 °C) vorheizen. Die Muffinsblechvertiefungen einfetten. Eine Springform (Ø 26 cm) einfetten und mit Mehl bestäuben oder mit Backpapier auslegen.

2 In einer mittelgroßen Schüssel die trockenen Zutaten, d.h. Mehl, Mandeln, Backpulver und das Natron, sorgfältig vermischen. In einer weiteren Schüssel ein Ei aufschlagen und leicht verquirlen. Dann Zucker, Vanillezucker, Pflanzenöl oder Butter, die Buttermilch oder Milch hinzugeben und gut verrühren. Die Mehlmischung zur Eimasse geben und nur so lange rühren, bis die trockenen Zutaten feucht sind.

3 Zwei Drittel des Teigs in die Springform geben und glatt streichen. Den restlichen Teig in das Muffinsblech oder in eine Mini-Muffinsform mit 12 Vertiefungen einfüllen (die Teigmenge ergibt 1 Boden und 3 bis 4 Muffins oder 8 Mini-Muffins). Bei 180 °C (Umluft 160 °C) auf mittlerer Schiebeleiste ca. 20 Minuten backen. Die Muffins im Backblech 5 bis 10 Minuten ruhen lassen, dann aus den Förmchen nehmen und auf einem Kuchengitter abkühlen lassen. Den Boden ebenfalls aus der Form lösen und abkühlen lassen. Nach Bedarf das Backpapier vorsichtig abziehen.

4 Für die Füllung das Cremepulver in eine Rührschüssel geben und die Milch und Schlagsahne hinzufügen. Mit einem Handrührgerät (oder Rührbesen) zunächst auf niedrigster Stufe ca. 1 Minute verrühren, dann 3 Minuten auf höchster Stufe schaumig schlagen.

5 Den Teigboden auf eine Kuchenplatte legen, einen Tortenring darumlegen und fest anziehen. Die Muffins auf den Teigboden setzen, dann die Birnenhälften daneben verteilen. Die Creme auf den Teigboden geben und glatt streichen. Die Muffinstorte im Kühlschrank über Nacht kalt stellen. Die Schlagsahne steif schlagen und in einen Spritzbeutel füllen. Die Muffinstorte mit Sahnetupfen hübsch verzieren und mit der Raspelschokolade bestreuen!

Rafaello-Kokos-Muffinstorte

Für den Belag
- ▷ **1 Dose (350 g) Pfirsiche oder Mangos**
- ▷ **1 Pck. (230 g) Rafaellos**

Für den Teig
- ▷ **1 3/4 Tassen (230 g) Mehl**
- ▷ **2 1/2 TL Backpulver**
- ▷ **1/2 TL Natron**
- ▷ **1/2 Tasse (40 g) Kokosraspel**
- ▷ **1 Ei**
- ▷ **3/4 Tasse (140 g) Zucker**
- ▷ **1/3 Tasse (80 ml) Pflanzenöl oder 1/2 Tasse (125 g) weiche Butter oder Margarine**
- ▷ **1 Tasse (250 g) Jogurt**
- ▷ **1/2 Tasse (125 ml) Batida de Coco**

Zum Beträufeln (wahlweise)
- ▷ **1/3 Tasse (80 ml) Batida de Coco**

Für die Tortencreme
- ▷ **7–8 Blatt weiße Gelatine**
- ▷ **1/2 Tasse (125 ml) Batida de Coco**
- ▷ **1–1 1/4 Tassen (400 g) Frischkäse**
- ▷ **1 1/4 Tassen (300 g) Jogurt**
- ▷ **3/4 Tasse (140 g) Zucker**
- ▷ **1 1/4 Tassen (300 ml) Sahne**

Zum Verzieren
- ▷ **1/2 Tasse (125 ml) Sahne**

1 Den Backofen auf 190 °C (Umluft 170 °C) vorheizen. Die Muffinsblechvertiefungen einfetten. Eine Springform (Ø 26 cm) einfetten.

2 Die Pfirsiche oder Mangos in einem Sieb gut abtropfen und in Scheibchen schneiden. 12 Rafaellos für die Verzierung beiseite legen.

3 In einer mittelgroßen Schüssel die trockenen Zutaten, d.h. Mehl, Backpulver, Natron und die Kokosraspel, vermischen. In einer weiteren großen Schüssel das Ei aufschlagen und verquirlen. Dann Zucker, Pflanzenöl oder Butter, Jogurt und Kokoslikör hinzugeben und verrühren. Die Mehlmischung zur Eimasse geben und so lange rühren, bis die trockenen Zutaten feucht sind.

4 Zwei Drittel des Teigs in die Springform geben und glatt streichen. Den restlichen Teig in ein Muffinsblech einfüllen (die Teigmenge ergibt 1 Boden und 3 bis 4 Muffins). Bei 180 °C (Umluft 160 °C) auf mittlerer Schiebeleiste 20 bis 25 Minuten backen. Die Muffins im Backblech 5 bis 10 Minuten ruhen lassen, aus den Förmchen nehmen und abkühlen lassen. Den Boden ebenfalls aus der Form lösen und abkühlen lassen. Den Boden und die Muffins nach Belieben mit dem Kokoslikör beträufeln.

5 Für die Füllung die Gelatine in kaltem Wasser auflösen, dann ausdrücken. Den Kokoslikör erwärmen (Vorsicht – nicht kochen!) und die Gelatine darin auflösen. Jogurt, Frischkäse und Zucker in eine Schüssel geben und mit einem Handrührgerät schaumig schlagen. Likör hinzufügen und weiterrühren. Die Sahne steif schlagen und unterheben.

6 Den Teigboden auf eine Kuchenplatte legen, einen Tortenring darumlegen und anziehen. Die Muffins auf den Teigboden setzen, dann die Hälfte der Pfirsich- oder Mangoscheiben und die restlichen Rafaellos daneben verteilen. Die Creme auf den Teigboden geben und glatt streichen. Die Torte im Kühlschrank über Nacht kalt stellen und am nächsten Tag hübsch verzieren!

Rotwein-Creme-Muffinstorte

Für den Teig
- **1 1/2 Tassen (210 g) Weißmehl**
- **3/4 Tasse (90 g) gemahlene Wal- oder Haselnüsse**
- **2 EL Kakao**
- **1/2 Tasse (60 g) Schokoraspel**
- **2 1/2 TL Backpulver**
- **1/2 TL Natron**
- **1 Ei**
- **3/4 Tasse (140 g) brauner oder weißer Zucker**
- **1/3 Tasse (80 ml) Pflanzenöl oder 1/2 Tasse (125 g) weiche Butter**
- **3/4 Tasse (185 g) Jogurt oder saure Sahne**
- **1/2 Tasse (125 ml) Rotwein**

Zum Belegen und Beträufeln
- **1 Glas (370 g) Kirschen (z. B. Schattenmorellen)**
- **1/2 Tasse (125 ml) Rotwein**

Für die Tortencreme
- **4 Pck. Rotweincreme (Dr. Oetker, Fertigprodukt inkl. 500 ml Rotwein)**
- **1 1/4 Tassen (300 ml) kaltes Wasser**
- **2 Tassen (500 g) Schlagsahne**

Für die Verzierung
- **1/2 Tasse (125 ml) Schlagsahne**
- **Raspelschokolade**

1 Den Backofen auf 190 °C (Umluft 170 °C) vorheizen. Die Muffinsblechvertiefungen einfetten. Eine Springform (Ø 26 cm) einfetten

2 In einer Schüssel die trockenen Zutaten, d. h. Mehl, Nüsse, Kakao, Schokoraspel, Backpulver und Natron, gründlich vermischen. In einer weiteren Schüssel das Ei aufschlagen und leicht verquirlen. Dann Zucker, Pflanzenöl oder Butter, den Jogurt oder die saure Sahne und den Rotwein hinzugeben und verrühren.

3 Die Mehlmischung zur Eimasse geben und so lange rühren, bis die trockenen Zutaten feucht sind.

4 Zwei Drittel des Teigs in die Springform geben und glatt streichen. Den restlichen Teig in ein Muffinsblech einfüllen (die Teigmenge ergibt 1 Boden und 3 bis 4 Muffins). Bei 180 °C (Umluft 160 °C) auf mittlerer Schiebeleiste ca. 20 Minuten backen. Die Muffins im Backblech 5 Minuten ruhen lassen, dann aus den Förmchen nehmen und auf einem Kuchengitter vollständig abkühlen lassen. Den Boden ebenfalls aus der Form lösen und auf einem Kuchengitter abkühlen lassen.

5 Die Kirschen in einem Sieb gut abtropfen. Für die Füllung die Sahne steif schlagen. Dann in einer weiteren (fettfreien!) Schüssel den Rotwein, das Wasser und das Dessertpulver mit einem Handrührgerät zunächst auf niedrigster Stufe kurz verrühren. Dann 2 Minuten auf höchster Stufe schaumig schlagen, bis die Masse dicklich und cremig wird. Zuletzt die Sahne auf niedrigster Stufe kurz unterrühren.

6 Den Teigboden auf eine Kuchenplatte legen, einen Tortenring darumlegen und fest anziehen. Die Muffins auf den Teigboden setzen und nach Belieben mit dem Rotwein beträufeln. Dann die Kirschen daneben verteilen. Die Rotweincreme auf den Teigboden geben und glatt streichen. Die Muffinstorte im Kühlschrank über Nacht kalt stellen. Die Torte nach Belieben mit Sahnetupfen und Schokoraspel hübsch verzieren!

Tiramisu-Muffinstorte

Für den Teig

- **30 Stück (200 g) Löffelbiskuit**
- **1 1/2 Tassen (210 g) Weißmehl**
- **2 1/2 TL Backpulver**
- **1/2 TL Natron**
- **2 EL Kakao**
- **1 Ei**
- **2/3 Tasse (120 g) brauner oder weißer Zucker**
- **1/3 Tasse (80 ml) Pflanzenöl oder 1/2 Tasse (125 g) weiche Butter**
- **1/3 Tasse (100 g) Mascarpone**
- **1–1 1/4 Tassen (275–300 g) Buttermilch**

Für die Tortencreme

- **7–8 Blatt Gelatine**
- **1 1/2 Tassen (375 ml) Schlagsahne**
- **1 1/2 Tassen (375 g) Quark**
- **1 Tasse (300 g) Mascarpone**
- **2/3–3/4 Tasse (130 g) Zucker**

Zum Beträufeln und für die Verzierung

- **3/4–1 Tasse (200 ml) starker Kaffee**
- **1 Fläschchen (40 ml) Irish Coffee**
- **3–4 EL Kakao**

1 Backofen auf 190 °C (Umluft 170 °C) vorheizen. Die Muffinsblechvertiefungen einfetten. Eine Springform (Ø 26 cm) einfetten.

2 Die Hälfte (!) der Löffelbiskuits in einen Gefrierbeutel geben, diesen verschließen und mit einem Nudelholz mehrmals darüber rollen, bis sie zerbröselt sind.

3 In einer Schüssel die trockenen Zutaten, d.h. das Mehl, die Biskuitbrösel, das Backpulver, das Natron und den Kakao vermischen. In einer weiteren Schüssel das Ei verquirlen. Dann Zucker, Pflanzenöl oder Butter, den Mascarpone und Buttermilch hinzugeben und verrühren. Die Mehlmischung zur Eimasse geben und rühren, bis die trockenen Zutaten feucht sind.

4 Zwei Drittel des Teigs in die Springform geben und glatt streichen. Den restlichen Teig in ein Muffinsblech einfüllen (die Teigmenge ergibt 1 Boden und 3 bis 4 Muffins) Bei 180 °C (Umluft 160 °C) auf mittlerer Schiebeleiste 20 bis 25 Minuten backen. Die Muffins im Backblech 5 bis 10 Minuten ruhen lassen, aus den Förmchen nehmen, abkühlen lassen. Den Boden aus der Form lösen und abkühlen lassen.

5 Für die Füllung die Gelatine in kaltem Wasser auflösen, ausdrücken. Den Kaffee mit dem Irish Coffee vermischen. Davon die Hälfte (!) erwärmen (Vorsicht – nicht kochen!), die Gelatine darin auflösen, erkalten lassen. Die Sahne schlagen. Quark und Mascarpone in eine Schüssel geben und zusammen mit dem Zucker mit einem Handrührgerät schaumig schlagen. Das Kaffeegemisch hinzufügen. Zuletzt die Sahne unterheben.

6 Den Teigboden auf eine Kuchenplatte legen, einen Tortenring darumlegen. Die Muffins und die restlichen Löffelbiskuits auf den Teigboden legen und mit dem restlichen Kaffeegemisch tränken. Dann die Mascarpone-Creme auf den Teigboden geben und glatt streichen. Die Muffinstorte im Kühlschrank über Nacht kalt stellen. Die Torte erst kurz vor dem Servieren mit Kakao bestäuben. Viva Italia!

Herzhafte Muffins

Muffins mit Fleisch, Fisch, Wurst, Käse, Gemüse: Wer könnte solchen Verlockungen widerstehen? Deftig oder fein – salzige Muffins sind beliebt und begehrt. Sie passen als Beilagen zu fast allen herzhaften Gerichten, sind ein schönes leichtes Abendessen, begleiten das Picknick und machen sich besonders gut auf einem kalt-warmen Büfett. Mit herzhaften Muffins, die stets warm genossen werden, geht fast alles – probieren Sie's aus!

Grundrezept Muffins mit Fleisch

Für den Teig

- ▷ 3/4 Tasse (150 g) Gemüse Ihrer Wahl (z. B. Paprika, Möhren, Zucchini oder Lauch)
- ▷ 2 EL frische Kräuter oder 2 TL getrocknete Kräuter (z. B. Petersilie, Schnittlauch)
- ▷ 3/4 Tasse (150 g) Fleisch oder Wurst (z. B. Bratenreste, Frischwurst, Schinken, Salami)
- ▷ 1 3/4–2 Tassen (250 g) Brot- oder Weißmehl (oder beides gemischt)
- ▷ 2 1/2 TL Backpulver
- ▷ 1/2 TL Natron
- ▷ 1 TL Gewürze (z. B. Paprika, Basilikum, Chilipulver, Curry)
- ▷ 1/2 TL Salz
- ▷ Pfeffer
- ▷ 1 Ei
- ▷ 1/4 Tasse (60 ml) Pflanzenöl oder 1/4–1/2 Tasse (100 g) weiche Butter oder Margarine
- ▷ 1–1 1/4 Tassen (250–300 g) Buttermilch, Jogurt, Crème fraîche oder saure Sahne (Schmant)

Zum Bestreuen

- ▷ 3–4 EL gehackte Kräuter

1 Den Backofen auf 190 °C (Umluft 170 °C) vorheizen. Die Muffinsblechvertiefungen gut einfetten. Bitte für die herzhaften Muffins keine Papierbackförmchen verwenden, da der Teig sonst am Papier festklebt!

2 Das Gemüse je nach Sorte waschen, putzen und in kleine Stückchen schneiden. Frische Kräuter waschen und fein hacken. Das Fleisch oder die Wurst ebenfalls klein schneiden.

► **Tipp:** Auch Fischliebhaber können auf ihre Kosten kommen, indem Sie das Fleisch durch Fisch oder Meeresfrüchte ersetzen. Vegetarier ersetzen beides durch Getreide- oder Sojaprodukte, zum Beispiel einfachen oder geräucherten Tofu-Quark.

Herzhafte Muffins schmecken nur warm. Sie eignen sich als Beilage zu vielen Gerichten, als leckerer Snack zwischendurch, als leichtes Abendessen oder als beliebter Bestandteil eines kalt-warmen Bufetts.

3 In einer mittelgroßen Schüssel die trockenen Zutaten, d. h. das Mehl mit dem Backpulver und dem Natron, dem Gemüse, dem Fleisch, den Kräutern, Salz und Pfeffer, sorgfältig vermischen.

4 In einer weiteren großen Schüssel das Ei aufschlagen und ganz leicht verquirlen. Dann das Öl oder die Butter/Margarine und die Milchprodukte hinzufügen und gründlich verrühren. Zuletzt die trockenen Zutaten beifügen und sehr vorsichtig unterheben. Nur noch so lange weiterrühren, bis die trockenen Zutaten feucht geworden sind. Auch hier gilt: Den Teig nicht zu lange rühren!

5 Den Teig in die Muffinsblechvertiefungen einfüllen. Bei 180 °C (Umluft 160 °C) auf mittlerer Schiebeleiste 20 bis 25 Minuten backen.

6 Die Muffins noch 5 bis 10 Minuten im Backblech ruhen lassen, dann aus den Förmchen nehmen, nach Belieben mit Kräutern oder Gewürzen bestreuen und noch warm servieren!

Bayerische Bier-Muffins

Zum Anbraten

- **1 Tasse (200 g) Gemüse (z. B. Karotten, Kohlrabi usw.)**
- **2 Weißwürste (frisch vom Metzger oder konserviert)**
- **1–2 EL Öl**

Für den Teig

- **1 3/4–2 Tassen (250 g) Brot- oder Weißmehl**
- **2 1/2 TL Backpulver**
- **1/2 TL Natron**
- **1 Tasse (100 g) geriebener würziger Käse**
- **1/4– 1/2 TL Salz**
- **Pfeffer**
- **1 Ei**
- **1/4 Tasse (60 ml) Pflanzenöl oder 1/4–1/2 Tasse (100 g) weiche Butter oder Margarine**
- **3/4 Tasse (165 g) saure Sahne (Schmant) oder Buttermilch**
- **1–2 EL mittelscharfer Senf**
- **1/3–1/2 Tasse (100 ml) Bier (Ihre Lieblingssorte!)**

1 Den Backofen auf 190 °C (Umluft 170 °C) vorheizen. Die Muffinsblechvertiefungen gut einfetten. Bitte keine Papierbackförmchen verwenden, da der Teig sonst am Papier kleben bleibt!

2 Das Gemüse waschen, putzen und klein schneiden. Das Gemüse in einer Pfanne mit 1 Esslöffel Öl und 1 Esslöffel Wasser kurz andünsten (ca. 5 Minuten). Die beiden Würste ebenfalls ganz kurz anbraten, dann die Haut entfernen und die Wurst in kleine Stückchen schneiden.

3 In einer mittelgroßen Schüssel die trockenen Zutaten, d. h. das Mehl mit dem Backpulver und dem Natron, den Gemüse- und Wurststückchen, dem Käse und dem Salz und Pfeffer, sorgfältig vermischen.

4 In einer weiteren großen Schüssel das Ei aufschlagen und ganz leicht verquirlen. Dann das Öl oder die Butter, die saure Sahne oder Buttermilch, den Senf und das Bier hinzufügen und gründlich verrühren.

▶ **Tipp:** Wenn Sie keine Weißwurst bekommen können oder sie nicht so gern mögen, können Sie auch 100 Gramm geräucherten Speck (ausgelassen) oder würzigen Schinken, in Stückchen geschnitten, verwenden.

5 Zuletzt die trockenen Zutaten beifügen und vorsichtig unterheben. Nur noch so lange weiterrühren, bis die trockenen Zutaten feucht geworden sind.

6 Den Teig in die Muffinsblechvertiefungen einfüllen. Bei 180 °C (Umluft 160 °C) auf mittlerer Schiebeleiste 20 bis 25 Minuten backen. Die Muffins noch 5 bis 10 Minuten im Backblech ruhen lassen, dann aus den Förmchen nehmen und noch warm servieren!

Chili-Mais-Muffins

Zum Anbraten
- **2 EL Öl**
- **3/4 Tasse (150 g) Hackfleisch**
- **1 Zwiebel**
- **1 Knoblauchzehe**
- **1/4 TL Chiligewürz**
- **1/2 TL Salz**
- **1 TL Paprikapulver, edelsüß**
- **1/4 TL Chayennepfeffer**
- **1 rote oder grüne Paprika**
- **1/2 Tasse (100 g) Kidneybohnen**

Für den Teig
- **1 Tasse (140 g) Weiß- oder Brotmehl**
- **2/3 Tasse (100 g) Maismehl**
- **2 1/2 TL Backpulver**
- **1/2 TL Natron**
- **1/2 TL Salz**
- **Pfeffer**
- **1 Ei**
- **1/4 Tasse (60 ml) Olivenöl**
- **3/4–1 Tasse (200 g) saure Sahne oder Jogurt**
- **1/2 Tasse (100 g) pürierte Tomaten (Fertigprodukt!)**

1 Den Backofen auf 190 °C (Umluft 170 °C) vorheizen. Die Muffinsblechvertiefungen gut einfetten. Bitte keine Papierbackförmchen verwenden, da der Teig sonst am Papier kleben bleibt!

2 Das Hackfleisch im Öl anbraten. Die Zwiebel schälen und in ganz feine Würfel schneiden. Die Knoblauchzehe zerdrücken. Die Zwiebel und den Knoblauch mitdünsten. Die Gewürze und das Salz hinzufügen und weiterbraten. Die Paprika waschen und in kleine Würfel schneiden. Die Kidneybohnen in einem Sieb gut abtropfen. Paprika und Kidneybohnen zum Hackfleischgemisch hinzufügen, kurz weiterbraten und dann vollständig abkühlen lassen.

3 In einer mittelgroßen Schüssel die trockenen Zutaten, d.h. das Mehl mit dem Backpulver, dem Natron und dem Salz und Pfeffer, sorgfältig vermischen.

▶ **Tipp:** Das Hackfleisch-Zwiebel-Gemisch kann auch eingefroren werden. Nach dem Auftauen das Fleisch kurz anbraten – dies verringert die Zubereitungszeit um einige Minuten!

4 In einer weiteren großen Schüssel das Ei aufschlagen und leicht verquirlen. Dann das Öl, die saure Sahne oder den Jogurt, die Tomatensauce und das Hackfleisch-Chili-Gemisch hinzufügen und gut verrühren. Zuletzt die trockenen Zutaten beifügen und vorsichtig unterheben. Nur noch so lange weiterrühren, bis die trockenen Zutaten feucht sind.

5 Den Teig in die Muffinsblechvertiefungen einfüllen. Bei 180 °C (Umluft 160 °C) auf mittlerer Schiebeleiste 20 bis 25 Minuten backen. Die Muffins 5 bis 10 Minuten im Backblech ruhen lassen, dann aus den Förmchen nehmen und noch warm servieren!

Currywurst-Senf-Muffins

Zum Anbraten
- 1 Zwiebel
- 2 EL Öl
- 2 Weißwürste (ohne Haut)

Für den Teig
- 1 3/4–2 Tassen (250 g) Brot- oder Weißmehl
- 2 1/2 TL Backpulver
- 1/2 TL Natron
- 1 TL Curry
- 1/2 Apfel, geraspelt
- 1/2 TL Salz
- Pfeffer
- 1 Ei
- 1/4 Tasse (60 ml) Pflanzenöl oder 1/4–1/2 Tasse (100 g) weiche Butter oder Margarine
- 3/4–1 Tasse (230 g) Buttermilch
- 1 EL mittelscharfer Senf
- 1/4 Tasse (50 g) Tomatenketchup

Zum Servieren
- Ketchup oder Senf

1 Den Backofen auf 190 °C (Umluft 170 °C) vorheizen. Die Muffinsblechvertiefungen gut einfetten. Bitte keine Papierbackförmchen verwenden, da der Teig sonst am Papier fest klebt!

2 Die Zwiebel schälen, in Würfel schneiden und in einer Pfanne in Öl kurz anbraten. Die Würste in Stückchen schneiden und kurz mitbraten; beiseite stellen.

3 In einer mittelgroßen Schüssel die trockenen Zutaten, d. h. das Mehl mit dem Backpulver und dem Natron, dem Curry, den Apfelstückchen und dem Salz und Pfeffer, sorgfältig vermischen.

4 In einer weiteren großen Schüssel das Ei aufschlagen und leicht verquirlen. Dann das Öl oder die Butter, die Buttermilch, den Senf, das Tomatenketchup und die Zwiebel- und Wurststückchen hinzufügen und gut verrühren. Zuletzt die trockenen Zutaten beifügen und vorsichtig unterheben. Nur noch so lange weiterrühren, bis die trockenen Zutaten feucht sind.

5 Den Teig in die Muffinsblechvertiefungen einfüllen. Bei 180 °C (Umluft 160 °C) auf mittlerer Schiebeleiste 20 bis 25 Minuten backen. Die Muffins 5 bis 10 Minuten im Backblech ruhen lassen, dann aus den Förmchen nehmen und noch warm servieren.

▶ **Tipp:** Servieren Sie zu diesen Muffins Ketchup oder Senf wie bei der echten Currywurst. Anstelle der Weißwurst können Sie auch beispielsweise 12 Partywürstchen als Belag (Wiener Würstchen) verwenden. Diese einfach etwas in den Teig drücken und mitbacken. Das ergibt den »Hot dog«-Partyeffekt!

Grüne Bohnen & Speck-Muffins

Zum Auslassen

- **6 Scheiben (150 g) Speck**

Für den Teig

- **2 Tassen (280 g) Mehl**
- **2 1/2 TL Backpulver**
- **1/2 TL Natron**
- **1 Tasse (150 g) grüne Bohnen (aus der Dose), geschnitten**
- **1/2 Tasse (50 g) gehackte Zwiebeln (in Butter angedünstet)**
- **1/2 TL Salz**
- **Pfeffer**
- **1 Gemüsebrühwürfel oder 2 EL gekörnte Gemüsebrühe**
- **1 Ei**
- **1/3 Tasse (80 ml) Pflanzenöl**
- **1/4 Tasse (60 g) Mayonnaise**
- **1–2 EL mittelscharfer Senf**
- **1 Tasse (240 g) Buttermilch**

1 Den Backofen auf 190 °C (Umluft 160 °C) vorheizen. Die Muffinsblechvertiefungen gut einfetten. Bitte keine Papierbackförmchen verwenden, da sonst der Teig am Papier kleben bleibt.

2 Den Speck in sehr kleine Würfelchen schneiden und in der Pfanne auslassen. Die Würfel auf Küchenpapier abtropfen lassen. Das ergibt ca. 40 Gramm feine, knusprige Speckwürfel.

3 In einer mittelgroßen Schüssel die trockenen Zutaten, d. h. das Mehl mit dem Backpulver und dem Natron, den Speckwürfeln, den Bohnen, die Zwiebel, dem Salz und Pfeffer und der Gemüsebrühe, sorgfältig und gründlich vermischen.

4 In einer weiteren großen Schüssel das Ei aufschlagen und ganz leicht verquirlen. Dann das Öl, die Mayonnaise, den Senf und die Buttermilch hinzufügen und gründlich verrühren.

5 Zuletzt die trockenen Zutaten beifügen und vorsichtig unterheben. Nur so lange rühren, bis die trockenen Zutaten feucht geworden sind. Den Teig nicht zu lange rühren!

6 Den Teig in die Muffinsblechvertiefungen einfüllen. Bei 180 °C (Umluft 160 °C) auf mittlerer Schiebeleiste 25 bis 35 Minuten backen. Die Muffins 5 bis 10 Minuten im Backblech ruhen lassen, dann aus den Förmchen nehmen und noch warm servieren.

Hähnchen-Cashew-Muffins

Für den Teig

- 3/4 Tasse (90 g) Cashews oder Erdnüsse
- 1 Zwiebel
- 1–2 EL Öl
- 1 Tasse (150 g) frisches Hähnchenfleisch (z. B. fertiges Brathähnchen)
- 2 Tomaten
- 3 EL entsteinte Oliven, in Stückchen (wahlweise)
- 1 TL Brathähnchengewürzsalz oder Curry
- 1 3/4–2 Tassen (250 g) Brot- oder Weißmehl
- 1/2 TL Paprika
- 1/4 TL Salz
- Pfeffer
- 2 1/2 TL Backpulver
- 1/2 TL Natron
- 1 Ei
- 1/4 Tasse (60 ml) Pflanzenöl oder 1/4–1/2 Tasse (100 g) weiche Butter
- 1/2 Tasse (70 g) Nussmus oder Erdnussbutter
- 3/4–1 Tasse (200–250 g) Jogurt oder saure Sahne
- 1 1/2 EL Tomatenmark (wahlweise)
- 1/4 Tasse (60 ml) Weißwein

Für den Belag

- 1/2–2/3 Tasse (60–80 g) Cashews oder 4–5 EL gehackte Erdnüsse

1 Den Backofen auf 190 °C (Umluft 170 °C) vorheizen. Die Muffinsblechvertiefungen gut einfetten. Bitte keine Papierbackförmchen verwenden, da sonst der Teig am Papier kleben bleibt.

2 In einer trockenen Pfanne die Nüsse kurz anbraten, dann grob mahlen oder hacken; beiseite stellen. Die Zwiebel schälen, fein würfeln und in einer Pfanne in Öl kurz anbraten. Das Hähnchenfleisch in Stückchen schneiden und anbraten. Die Tomaten waschen, in Stückchen schneiden und ebenfalls mitbraten. Nach Belieben die Oliven hinzufügen, dann das Brathähnchengewürz oder Curry darüber streuen. Die Masse beiseite stellen und abkühlen lassen.

3 In einer mittelgroßen Schüssel die trockenen Zutaten, d. h. das Mehl mit dem Paprika, dem Salz und Pfeffer, dem Backpulver und dem Natron, sorgfältig vermischen.

4 In einer weiteren großen Schüssel das Ei aufschlagen und leicht verquirlen. Dann das Öl, das Nussmus oder die Erdnussbutter, den Jogurt oder die saure Sahne, nach Belieben das Tomatenmark, den Weißwein und die Hähnchen-Tomatenmasse hinzufügen und gut verrühren. Zuletzt die trockenen Zutaten beifügen und vorsichtig unterheben. Nur noch so lange weiterrühren, bis die trockenen Zutaten feucht sind.

5 Den Teig in die Muffinsblechvertiefungen einfüllen. Jeweils ca. 5 bis 6 Cashews auf den Teig legen oder mit gehackten Nüssen bestreuen. Bei 180 °C (Umluft 160 °C) auf mittlerer Schiebeleiste 20 bis 25 Minuten backen. Die Muffins 5 bis 10 Minuten im Backblech ruhen lassen, dann aus den Förmchen nehmen und noch warm servieren!

▶ **Tipp:** Wenn Kinder mitessen, können Sie auch den Weißwein durch Hühner- oder Gemüsebrühe ersetzen! Lieben Sie es exotisch, dann können Sie dem Teig noch 1–2 Aprikosen (frisch oder getrocknet) in Stückchen geschnitten hinzufügen.

Hamburger-Muffins

Für den Belag
- ▷ **12 Toastbrotscheiben**
- ▷ **3–4 EL Butter**
- ▷ **1 Zwiebel**
- ▷ **1 Knoblauchzehe**

Zum Anbraten
- ▷ **1 Tasse (150 g) Hackfleisch**
- ▷ **1/2 TL Salz**
- ▷ **Pfeffer**

Für den Teig
- ▷ **1 3/4–2 Tassen (250 g) Brot- oder Weißmehl**
- ▷ **2 1/2 TL Backpulver**
- ▷ **1/2 TL Natron**
- ▷ **1 Tasse (100 g) geriebener würziger Käse**
- ▷ **1 Pck. Zwiebelsuppenpulver**
- ▷ **1 Ei**
- ▷ **1/4 Tasse (60 ml) Pflanzenöl oder 1/4–1/2 Tasse (100 g) weiche Butter oder Margarine**
- ▷ **1 1/4 Tassen (300 g) Buttermilch, Sauermilch oder Milch**
- ▷ **1 TL Worcestersauce**

Zum Bestreuen
- ▷ **1/2 Tasse (50 g) geriebener Käse**

1 Den Backofen auf 190 °C (Umluft 170 °C) vorheizen. Die Muffinsblechvertiefungen gut einfetten. Bitte keine Papierbackförmchen verwenden, da der Teig sonst am Papier kleben bleibt.

2 Mit einem Glas (Ø 5 cm) aus den Toastbrotscheiben je einen Kreis ausstechen. Die Brotkreise mit Butter bestreichen und mit der Butterseite nach unten in die Muffinsblechvertiefungen legen. Die restlichen Brotstücke in kleine Stücke schneiden.

3 Die Zwiebel und Knoblauchzehe schälen, würfeln und in Öl kurz anbraten. Das Hackfleisch mit dem Salz, dem Pfeffer und dem Zwiebelsuppenpulver hinzufügen und mitbraten. Die Masse beiseite stellen und abkühlen lassen.

4 In einer mittelgroßen Schüssel das Mehl mit dem Backpulver und dem Natron und dem Käse sorgfältig vermischen.

5 In einer weiteren großen Schüssel das Ei aufschlagen und leicht verquirlen. Dann das Öl oder die Butter, die Buttermilch oder Milch, die Worcestersauce und die Hackfleichmasse hinzufügen und gut verrühren.

6 Zuletzt die trockenen Zutaten beifügen und vorsichtig unterheben. Nur noch so lange weiterrühren, bis die trockenen Zutaten feucht geworden sind.

7 Den Teig auf die Brotstücke verteilen und mit Käse bestreuen. Bei 180 °C (Umluft 160 °C) auf mittlerer Schiebeleiste 20 bis 25 Minuten backen.

8 Die Muffins noch 5 bis 10 Minuten im Backblech ruhen lassen, dann aus den Förmchen nehmen und warm servieren!

▶ **Tipp:** Um einen echten Hamburger zu kreieren, können Sie die Muffins auch ohne das Hackfleisch backen. Die Muffins dann nach dem Backen waagerecht durchschneiden und mit 12 fertigen kleinen Frikadellen, Salatblättern usw. belegen. Mayonnaise oder Ketchup sind bei diesen Muffins natürlich ein Muss!

Hawaii-Muffins

Für den Teig

- 3/4 Tasse (100 g) gekochter Schinken
- 1 Zwiebel
- 1–2 EL Öl
- 1/2 Tasse (125) g Ananas
- 1 3/4–2 Tassen (250 g) Brot- oder Weißmehl
- 2 1/2 TL Backpulver
- 1/2 TL Natron
- 1/2 TL Paprikapulver
- 1 Prise Chayennepfeffer
- 1 Tasse (100 g) geriebener würziger Käse
- 1/2 TL Salz
- Pfeffer
- 1 Ei
- 1/4 Tasse (60 ml) Pflanzenöl oder 1/4–1/2 Tasse (100 g) weiche Butter oder Margarine
- 1–1 1/4 Tassen (250–275 g) Jogurt oder Buttermilch

Zum Überbacken

- 12 Scheiben Käse (z. B. Schmelzkäse)

1 Den Backofen auf 190 °C (Umluft 170 °C) vorheizen. Die Muffinsblechvertiefungen gut einfetten. Bitte keine Papierbackförmchen verwenden, da der Teig sonst am Papier kleben bleibt!

2 Den Schinken in Stückchen schneiden. Die Zwiebel schälen und sehr fein würfeln. Die Zwiebel in Öl kurz dünsten. Die Ananas in einem Sieb gut abtropfen und klein schneiden.

3 In einer mittelgroßen Schüssel die trockenen Zutaten, d. h. das Mehl mit dem Backpulver und dem Natron, dem Schinken, dem Paprikapulver, dem Chayennepfeffer, dem Käse und dem Salz und Pfeffer, sorgfältig vermischen.

4 In einer weiteren großen Schüssel das Ei aufschlagen und ganz leicht verquirlen. Dann das Öl oder die Butter, den Jogurt oder die Buttermilch, die Zwiebel und die Ananasstückchen hinzufügen und gründlich verrühren.

5 Zuletzt die trockenen Zutaten beifügen und vorsichtig unterheben. Nur noch so lange weiterrühren, bis die trockenen Zutaten feucht geworden sind. Den Teig nicht zu lange rühren!

6 Den Teig in die Muffinsblechvertiefungen einfüllen. Dann jeweils eine Käsescheibe auf den Teig legen. Bei 180 °C (Umluft 160 °C) auf der mittleren Schiebeleiste des Backofens 20 bis 25 Minuten backen.

7 Die Muffins noch 5 bis 10 Minuten im Backblech ruhen lassen, dann aus den Förmchen nehmen und noch warm servieren!

Lachs-Dill-Muffins

Für die Füllung

- ▷ **1 Tasse (150 g) geräucherter Lachs**
- ▷ **2 EL frischer oder 2 TL getrockneter Dill**
- ▷ **1/2 Tasse (150 g) Frischkäse mit Kräuter (Fertigprodukt!)**
- ▷ **2 EL Milch oder Jogurt**

Für den Teig

- ▷ **1 3/4–2 Tassen (250 g) Brot- oder Weißmehl**
- ▷ **2 1/2 TL Backpulver**
- ▷ **1/2 TL Natron**
- ▷ **3/4 Tasse (70 g) geriebener würziger Käse (z. B. Emmentaler)**
- ▷ **1/2 TL Salz**
- ▷ **Pfeffer**
- ▷ **1 Ei**
- ▷ **1/4 Tasse (60 ml) Pflanzenöl oder 1/4–1/2 Tasse (100 g) weiche Butter**
- ▷ **2/3–3/4 Tasse (150–175 g) saure Sahne oder Crème fraîche**
- ▷ **1 EL Zitronensaft**
- ▷ **1/4 Tasse (60 ml) Weißwein**

1 Den Backofen auf 190 °C (Umluft 170 °C) vorheizen. Die Muffinsblechvertiefungen gut einfetten. Bitte keine Papierbackförmchen verwenden, da sonst der Teig am Blech kleben bleibt.

2 Den frischen Dill waschen und klein schneiden. Den Lachs in kleine Stückchen schneiden. Für die Füllung den Frischkäse mit der Milch gründlich glatt rühren.

3 In einer mittelgroßen Schüssel die trockenen Zutaten, d. h. das Mehl mit dem Backpulver und dem Natron, dem Dill, dem Käse und dem Salz und Pfeffer, sorgfältig und gründlich vermischen.

4 In einer weiteren großen Schüssel das Ei aufschlagen und ganz leicht verquirlen. Dann das Öl oder die Butter, die saure Sahne, den Zitronensaft und den Weißwein hinzufügen und gut verrühren.

▶ **Tipp:** Den Lachs können Sie auch durch andere Zutaten, z. B. Meeresfrüchten, ersetzen. Die restliche Frischkäsecreme können Sie auch mit etwas mehr Milch oder Jogurt verrühren und als Dipp zu den Muffins reichen.

5 Zuletzt die trockenen Zutaten beifügen und sehr vorsichtig unterheben. Nur noch so lange weiterrühren, bis die trockenen Zutaten feucht geworden sind. Den Teig sollten Sie nicht zu lange rühren.

5 Die Hälfte des Teigs in die Muffinsblechvertiefungen einfüllen. Dann jeweils 1 Teelöffel der Frischkäsemasse und der Lachsstückchen auf den Teig geben und mit dem restlichen Teig auffüllen. Bei 180 °C (Umluft 160 °C) auf mittlerer Schiebeleiste 20 bis 25 Minuten backen. Die Muffins 5 bis 10 Minuten im Backblech ruhen lassen, dann aus den Förmchen nehmen und noch warm servieren.

Lauch-Schinken-Muffins

Zum Einweichen und Anbraten

- **1 Tasse (100 g) feine Haferflocken**
- **3/4–1 Tasse (200 g) Jogurt oder Buttermilch**
- **3/4 Tasse (100 g) Schwarzwälder Schinken oder Speck**
- **1 Tasse (150 g) Lauch**

Für den Teig

- **1 Tasse (140 g) Brot- oder Weißmehl**
- **2 1/2 TL Backpulver**
- **1/2 TL Natron**
- **1–2 EL Schnittlauchröllchen**
- **1 Tasse (100 g) geriebener Käse (z. B. Parmesan)**
- **2 Msp. Muskat**
- **1/2 TL Salz**
- **Pfeffer**
- **1 Ei**
- **1/4 Tasse (60 ml) Pflanzenöl oder 1/4–1/2 Tasse (100 g) weiche Butter oder Margarine**
- **1/4 Tasse (50 ml) Schlagsahne**

Zum Bestreuen

- **3–4 EL geriebener Käse**

1 Den Backofen auf 190 °C (Umluft 170 °C) vorheizen. Die Muffinsblechvertiefungen gut einfetten. Bitte keine Papierbackförmchen verwenden, da sonst der Teig am Papier haften bleibt.

2 Die Haferflocken in dem Jogurt oder der Buttermilch einweichen; beiseite stellen.

3 Den Schinken oder Speck in kleine Würfel schneiden und in einer Pfanne auslassen. Den Lauch waschen, putzen, in feine Ringe schneiden und mit dem Schinken oder Speck kurz blanchieren.

4 In einer mittelgroßen Schüssel die trockenen Zutaten, d. h. das Mehl mit dem Backpulver und dem Natron, dem Schnittlauch, dem Käse, dem Muskat und dem Salz und Pfeffer, sorgfältig vermischen.

5 In einer weiteren großen Schüssel das Ei aufschlagen und leicht verquirlen. Dann das Öl oder die Butter, die Sahne, die Haferflockenmasse und die Zwiebel-Lauchmasse hinzufügen und gut verrühren. Zuletzt die trockenen Zutaten beifügen und vorsichtig unterheben. Nur noch so lange weiterrühren, bis die trockenen Zutaten feucht sind.

6 Den Teig in die Muffinsblechvertiefungen einfüllen und mit Käse bestreuen. Bei 180 °C (Umluft 160 °C) auf mittlerer Schiebeleiste 20 bis 25 Minuten backen. Die Muffins 5 bis 10 Minuten im Backblech ruhen lassen, dann aus den Förmchen nehmen und noch warm servieren!

► **Tipp:** Anstelle des Lauchs können Sie auch andere Gemüsesorten, wie z. B. Fenchel, Sellerie usw. verwenden! Dünsten Sie das Gemüse vorher kurz an, so gewinnt es sein volles Aroma!

Linsen-Saiten-Muffins

Zum Andünsten und Anbraten

- **1 Zwiebel**
- **2 Möhren**
- **2 EL Öl**
- **3 Saitenwürstchen (Frankfurter, Wiener oder ähnliche Würstchen) oder 3/4 Tasse (100 g) geräucherte, ausgelassene Speckwürfel**

Für den Teig

- **1 3/4 Tasse (250 g) Brot- oder Weißmehl**
- **2 1/2 TL Backpulver**
- **1/2 TL Natron**
- **1/2 TL Koriander oder Kardamom**
- **1/2 TL Kreuzkümmel (wahlweise)**
- **1/2 TL Salz**
- **Pfeffer**
- **1 Ei**
- **1/4 Tasse (60 ml) Pflanzenöl oder 1/4–1/2 Tasse (100 g) weiche Butter oder Margarine**
- **3/4–1 Tasse (200 g) saure Sahne**
- **1 Tasse (150 g) Linsen (bereits vorgegart, die Kochflüssigkeit mit etwas Stärke gebunden)**
- **1 TL Sojasauce (nach Belieben)**
- **2 EL Essig**

1 Den Backofen auf 190 °C (Umluft 170 °C) vorheizen. Die Muffinsblechvertiefungen gut einfetten. Bitte keine Papierbackförmchen verwenden, da der Teig sonst am Papier kleben bleibt.

2 Die Zwiebel schälen und in kleine Würfel schneiden. Die Möhren waschen, schälen und raspeln. Die Zwiebel und das Gemüse in einer Pfanne in Öl kurz andünsten. Die Wurst in kleine Stückchen schneiden und ebenfalls in der Pfanne kurz anbraten.

3 In einer mittelgroßen Schüssel die trockenen Zutaten, d.h. das Mehl mit dem Backpulver und dem Natron, den Gewürzen und dem Salz und Pfeffer, sorgfältig vermischen.

4 In einer weiteren großen Schüssel das Ei aufschlagen und leicht verquirlen. Dann das Öl oder die Butter, die saure Sahne, den Essig, die Linsen, nach Belieben die Sojasauce, das Gemüse und die Wurst- oder Speckstückchen hinzufügen und gut verrühren.

5 Zuletzt die trockenen Zutaten beifügen und vorsichtig unterheben. Nur noch so lange weiterrühren, bis die trockenen Zutaten feucht geworden sind. Den Teig auf keinen Fall zu lange rühren.

6 Den Teig in die Muffinsblechvertiefungen einfüllen. Bei 180 °C (Umluft 160 °C) auf mittlerer Schiebeleiste 20 bis 25 Minuten backen.

7 Die Muffins noch 5 bis 10 Minuten im Backblech ruhen lassen, dann aus den Förmchen nehmen und noch warm servieren!

▶ **Tipp:** Die Linsen setzen sich aus 100 Gramm gegarten Linsen und 50 Gramm Sauce zusammen.

Wie die Maultaschen-Muffins ist auch diese Muffinvariante der schwäbischen Küche entnommen. Linsen mit Spätzle sind das zweite – für viele das erste – schwäbische Nationalgericht. Lassen Sie sich's schmecken!

Maultaschen-Muffins

Für die Füllung

- 1 Tasse (150 g) Bratwurstbrät
- 2 Zwiebel
- 3/4 Tasse (100 g) pürierter Spinat, aufgetaut (Tiefkühlprodukt!)

Für den Teig

- 1 3/4–2 Tassen (250 g) Brot- oder Weißmehl
- 2 1/2 TL Backpulver
- 1/2 TL Natron
- 2 Msp. Muskat
- 2–3 EL frische oder 3 TL getrocknete Petersilie
- 1/4 TL Salz
- Pfeffer
- 1 Ei
- 1/4 Tasse (60 ml) Pflanzenöl oder 1/4–1/2 Tasse (100 g) weiche Butter
- 3/4–1 Tasse (200–250 g) saure Sahne

1 Den Backofen auf 190 °C (Umluft 170 °C) vorheizen. Die Muffinsblechvertiefungen gut einfetten. Bitte keine Papierbackförmchen verwenden, da sonst der Teig am Papier haften bleibt.

2 Die Zwiebel schälen und fein hacken. Für die Füllung die Brät mit der Hälfte (!) der Zwiebel verrühren; beiseite stellen. Den Spinat auftauen und in einem Sieb gut abtropfen; beiseite stellen.

3 In einer mittelgroßen Schüssel die trockenen Zutaten, d.h. das Mehl mit dem Backpulver und dem Natron, den restlichen Zwiebeln, den Gewürzen und den Kräutern, dem Salz und Pfeffer sorgfältig vermischen.

4 In einer weiteren großen Schüssel das Ei aufschlagen und leicht verquirlen. Dann Öl oder Butter, saure Sahne und Spinat hinzufügen und gut verrühren.

▶ **Tipp:** Diese Muffins entspringen einem »ächt« schwäbischen Nationalgericht – den Maultaschen, die man in Schwaben gedünstet oder in Brühe isst.

5 Zuletzt die trockenen Zutaten beifügen und vorsichtig unterheben. Nur noch so lange weiterrühren, bis die trockenen Zutaten feucht sind.

6 Die Hälfte des Teigs in die Muffinsblechvertiefungen einfüllen. Je 1 bis 2 Teelöffel der Brät auf den Teig geben und mit dem restlichen Teig auffüllen. Bei 180 °C (Umluft 160 °C) auf mittlerer Schiebeleiste 20 bis 25 Minuten backen. Die Muffins 5 bis 10 Minuten im Backblech ruhen lassen, aus den Förmchen nehmen und noch warm servieren!

Meeresfrüchte-Muffins

Für den Belag

- **1 Tasse (150 g) Meeresfrüchte, grob geschnitten (z. B. Krabben, Shrimps, Lachs oder Thunfisch)**
- **1/4 Tasse (30 g) geriebener Emmentaler**
- **1/3 Tasse (85 g) saure Sahne**
- **1/4 Tasse (60 g) klein geschnittene Selleriestückchen**

Für den Teig

- **1 Tasse (120 g) Vollkornmehl**
- **1 Tasse (140 g) Weißmehl**
- **2 1/2 TL Backpulver**
- **1/2 TL Natron**
- **1/2 TL Salz**
- **Pfeffer**
- **1/4 TL Thymian**
- **1 Ei**
- **1/3 Tasse (80 ml) Pflanzenöl oder 1/2 Tasse (125 g) weiche Butter**
- **3/4–1 Tasse (225–250 g) saure Sahne oder Jogurt**

Zum Bestreuen (wahlweise)

- **3–4 EL gehackte Petersilie**

1 Den Backofen auf 190 °C (Umluft 170 °C) vorheizen. Die Muffinsblechvertiefungen gut einfetten. Bitte keine Papierbackförmchen verwenden, da der Teig sonst am Papier kleben bleibt!

2 In einer kleinen Schüssel die Meeresfrüchte, den Käse, die saure Sahne und die Selleriestückchen gut verrühren.

3 In einer mittelgroßen Schüssel die trockenen Zutaten, d. h. das Mehl mit dem Backpulver, dem Natron, dem Salz und Pfeffer und dem Thymian sorgfältig vermischen.

4 In einer weiteren großen Schüssel das Ei aufschlagen und leicht verquirlen. Dann das Öl oder die Butter und die saure Sahne oder den Jogurt unterrühren. Zuletzt die trockenen Zutaten beifügen und vorsichtig unterheben, bis sie feucht geworden sind. Den Teig sollten Sie auf keinen Fall zu lange rühren!

5 Den Teig in die Muffinsblechvertiefungen einfüllen. Dann die Krabben-Käse-Mischung löffelweise auf dem Teig verteilen. Bei 180 °C (Umluft 160 °C) auf der mittleren Schiebeleiste des Backofens 20 bis 25 Minuten backen. Die Muffins im Backblech noch 5 bis 10 Minuten ruhen lassen, dann aus den Förmchen nehmen, nach Belieben mit Petersilie bestreuen und noch warm servieren.

► **Tipp:** Das Vollkornmehl kann durch andere Mehlsorten wie z. B. Dinkel- oder Roggenmehl ersetzt werden.

Moussaka-Muffins

- 1–2 EL Olivenöl
- 1 Zwiebel
- 1 Knoblauchzehe
- 3/4 Tasse (100 g) Hackfleisch
- 1 kleine Aubergine (115 g)
- 1 Tomate
- 1/2–1 TL Salz
- Pfeffer
- 1 TL Oregano

Für den Teig

- 1 1/2 Tassen (200 g) Brot- oder Weißmehl
- 2 1/2 TL Backpulver
- 1/2 TL Natron
- 2 Msp. Ger. Muskatnuss
- 1/2 Tasse (60 g) Semmelbrösel
- 1 Tasse (100 g) geriebener Käse
- 1/2 TL Salz
- Pfeffer
- 1 Ei
- 1/4 Tasse (60 ml) Olivenöl
- 2 EL Tomatenmark
- 3/4–1 Tasse (200–250 g) Jogurt oder Buttermilch

Zum Bestreuen

- 1/2 Tasse (50 g) geriebener Käse

1 Den Backofen auf 190 °C (Umluft 170 °C) vorheizen. Die Muffinsblechvertiefungen gut einfetten. Bitte keine Papierbackförmchen verwenden, da der Teig sonst am Papier haften bleibt.

2 Die Zwiebel und den Knoblauch schälen, fein würfeln und in dem Olivenöl kurz anbraten. Das Hackfleisch mit braten. Die Aubergine und die Tomate waschen, in kleine Würfel schneiden und mit dünsten. Salz, Pfeffer und die Gewürze hinzufügen und das ganze auf niedriger Temperatur weiterbraten; beiseite stellen und vollständig abkühlen lassen.

3 In einer mittelgroßen Schüssel die trockenen Zutaten, d. h. das Mehl mit dem Backpulver und dem Natron, dem Muskat, den Semmelbröseln, dem Käse und dem Salz und Pfeffer, sorgfältig und gründlich vermischen.

4 In einer weiteren großen Schüssel das Ei aufschlagen und ganz leicht verquirlen. Dann das Öl, das Tomatenmark, den Jogurt oder die Buttermilch und das Auberginen-Zwiebel-Hackfleischgemisch hinzufügen und alles gründlich miteinander verrühren.

5 Zuletzt die trockenen Zutaten beifügen und vorsichtig unterheben. Nur noch so lange weiterrühren, bis die trockenen Zutaten feucht geworden sind. Den Teig nicht zu lange rühren!

6 Den Teig in die Muffinsblechvertiefungen einfüllen und mit dem restlichen Käse bestreuen. Bei 180 °C (Umluft 160 °C) auf mittlerer Schiebeleiste 20 bis 25 Minuten backen. Die Muffins 5 bis 10 Minuten im Backblech ruhen lassen, dann aus den Förmchen nehmen und noch warm servieren!

Paella-Muffins

Zum Aufkochen und Dünsten

- 1/2 Tasse (100 g) Reis
- 3/4–1 Tasse (200 ml) Fleisch- oder Gemüsebrühe
- 3/4 Tasse (100 g) Hähnchenfleisch (fertig gebraten), geräucherte Knoblauch-Würstchen und/oder Miesmuscheln (tiefgekühlt oder aus der Dose)
- 1 Zwiebel
- 2 Knoblauchzehen
- 2 Tomaten
- 5 EL (50 g) rot gefüllte Oliven
- 1/4 Tasse (50 g) Erbsen (tiefgekühlt oder aus der Dose)

Für den Teig

- 1 1/2 Tassen (200 g) Brot- oder Weißmehl
- 2 1/2 TL Backpulver
- 1/2 TL Natron
- 2 Messerspitzen Safran (wahlweise)
- 1/4 TL Salz
- Pfeffer
- 1 Ei
- 1/2 Tasse (60 ml) Olivenöl
- 3/4 Tasse (150 g) saure Sahne (Schmant) oder Jogurt
- 5 EL Weißwein

1 Den Backofen auf 190 °C (Umluft 170 °C) vorheizen. Die Muffinsblechvertiefungen gut einfetten und mit Mehl bestäuben. Bitte keine Papierbackförmchen verwenden, da sonst der Teig am Papier haften bleibt.

2 Den Reis in der Fleisch- oder Gemüsebrühe kurz aufkochen und anschließend 5 bis 10 Minuten quellen lassen. Das Fleisch oder die Wurst zerkleinern; ansonsten die Muscheln in einem Sieb gut abtropfen lassen. Die Zwiebel und den Knoblauch schälen, sehr fein würfeln und nach Belieben in einer Pfanne in Öl kurz andünsten. Die Tomaten würfeln. Die Oliven in Scheibchen schneiden.

3 In einer mittelgroßen Schüssel die trockenen Zutaten, d.h. das Mehl mit dem Backpulver und dem Natron, dem Fleisch, der Wurst und/oder den Muscheln, den Oliven, den Erbsen, dem Salz und Pfeffer und wahlweise dem Safran, sorgfältig vermischen.

4 In einer weiteren großen Schüssel das Ei aufschlagen und leicht verquirlen. Dann das Öl, die saure Sahne oder den Jogurt, den Weißwein, die gedünsteten Zwiebeln, den Knoblauch, die Tomaten und den Reis hinzufügen und gut verrühren.

5 Zuletzt die trockenen Zutaten beifügen und sehr vorsichtig unterheben. Nur noch so lange weiterrühren, bis die trockenen Zutaten feucht geworden sind. Den Teig auf keinen Fall zu lange rühren!

6 Den Teig in die Muffinsblechvertiefungen einfüllen. Bei 180 °C (Umluft 160 °C) auf mittlerer Schiebeleiste 20 bis 25 Minuten backen.

7 Die Muffins noch 5 bis 10 Minuten im Backblech ruhen lassen, dann aus den Förmchen nehmen und noch warm servieren.

► **Tipp:** Paella, das beliebte spanische Gericht, ist mit oder ohne Meeresfrüchten ein Genuss. Auch Kaninchenfleisch statt Hähnchen schmeckt ausgezeichnet.

Pilz-Speck-Muffins

Zum Anbraten
- **3/4 Tasse (100 g) geräucherter Speck**
- **1 Tasse (150 g) Pilze (frisch oder konserviert, z. B. Champignons, Steinpilze)**
- **1–2 EL Semmelbrösel**
- **Salz, Paprika, Thymian, Pfeffer**
- **1 Zwiebel**
- **1 Knoblauchzehe**

Für den Teig
- **1 3/4–2 Tassen (250 g) Brot- oder Weißmehl**
- **2 1/2 TL Backpulver**
- **1/2 TL Natron**
- **1 Tasse (100 g) geriebener, würziger Käse**
- **2 EL frische oder 2 TL getrocknete Petersilie**
- **1/2 TL Salz**
- **Pfeffer**
- **1 Ei**
- **4–5 EL Pflanzenöl oder 1/3 Tasse (80 g) weiche Butter**
- **1 Tasse (250 g) Buttermilch oder Jogurt**

1 Den Backofen auf 190 °C (Umluft 170 °C) vorheizen. Die Muffinsblechvertiefungen gut einfetten. Bitte keine Papierbackförmchen verwenden, da der Teig sonst am Papier haften bleibt.

2 Den Speck würfeln und in einer Pfanne auslassen. Die Pilze waschen, putzen in kleine Stückchen schneiden und mit dem Speck andünsten. Die Semmelbrösel, das Salz und die Gewürze hinzufügen; abkühlen lassen. Die Zwiebel und den Knoblauch schälen, fein würfeln und nach Belieben in etwas Öl kurz andünsten.

3 In einer mittelgroßen Schüssel die trockenen Zutaten, d. h. das Mehl mit dem Backpulver und dem Natron, dem Käse, der Petersilie und dem Salz und Pfeffer, sorgfältig vermischen.

4 In einer weiteren großen Schüssel das Ei aufschlagen und leicht verquirlen. Dann das Öl oder die Butter, die Buttermilch oder den Jogurt, die Zwiebel und das Knoblauch hinzufügen und gut verrühren. Zuletzt die trockenen Zutaten beifügen und vorsichtig unterheben. Nur noch so lange weiterrühren, bis die trockenen Zutaten feucht geworden sind. Den Teig sollten Sie auf keinen Fall zu lange rühren.

> ▶ **Tipp:** Für einen kernigeren Geschmack können Sie auch anstelle des Weißmehls 150 Gramm Vollkornmehl, 100 Gramm Haferflocken und außerdem 50 Gramm Buttermilch oder Jogurt verwenden!

5 Die Hälfte des Teigs in die Muffinsblechvertiefungen einfüllen. Dann je 1 Teelöffel der Pilzfüllung auf den Teig geben und mit dem restlichen Teig auffüllen. Bei 180 °C (Umluft 160 °C) auf mittlerer Schiebeleiste 20 bis 25 Minuten backen. Die Muffins 5 bis 10 Minuten im Backblech ruhen lassen, dann aus den Förmchen nehmen und noch warm servieren!

Quiche-Lorraine-Pastetchen

Für den Mürbteig

- **2 Tassen (280 g) Weißmehl**
- **1/2 TL Salz**
- **1/2 Tasse (125 g) kalte Butter**
- **5–6 EL kaltes Wasser**

oder

- **12 Backletts (fertige essbare Muffinsförmchen aus salzigem Teig)**

Für die Füllung

- **4 Eier**
- **1/4 TL geriebene Muskatnuss**
- **TL Salz**
- **Pfeffer**
- **1/2 Tasse (120 g) Sahne**
- **2 Tassen (200 g) geriebener Emmentaler**
- **4 EL Schnittlauch, geschnitten**
- **1/2 Tasse (50 g) Schalotte, gehackt**
- **1 Tasse (ca. 150 g) gekochter Lauch und/oder Schinken, geschnitten**

1 Den Backofen auf 190 °C (Umluft 160 °C) vorheizen. Die Muffinsblechvertiefungen gut einfetten und nach Belieben bestäuben. Bitte keine Papierbackförmchen verwenden, da es sich hier um Pastetchen handelt, die sonst leicht im Papier festkleben.

2 In einer mittelgroßen Schüssel das Mehl mit dem Salz vermischen. Die Butter in Flöckchen darüber verteilen. Mit einem Messer die Butter mit dem Mehl vermischen. Das Wasser löffelweiße hinzufügen und den Teig zu einer festen Masse verkneten. Den Teig im Kühlschrank mindestens eine halbe Stunde ruhen lassen.

3 Den Mürbteig in 12 gleich große Stücke aufteilen und in die Vertiefungen des Muffinsblechs legen. Mit einem Löffel jeweils eine Mulde in den Teig drücken. Das Blech nach Belieben noch einmal kalt stellen. Anstelle des Teiges können Sie auch 12 fertige Backletts in die ungefetteten Muffinsblechvertiefungen setzen.

4 In einer weiteren großen Schüssel die Eier aufschlagen und leicht verquirlen. Dann den Muskat, das Salz und den Pfeffer, die süße Sahne, die Zwiebel- und Schnittlauchstückchen und den Käse hinzufügen und gut verrühren.

▶ **Tipp:** Als Alternative können Sie auch anstelle des Lauchs oder Schinkens geschnittene Tomaten oder ausgelassene Speckwürfel verwenden.

Im Heimatland der Quiche, Frankreich, kennt man unzählige Varianten. Bei der provencalischen Version werden Lauch und Schinken durch Tomaten, Salami und Thymian ersetzt, köstlich schmecken auch feine Erbsen und Kochschinken.

5 Die Lauch- und/oder Schinkenstückchen auf dem Teig verteilen. Die Füllung darauf verteilen. Bei 180 °C (Umluft 160 °C) auf der mittleren Schiebeleiste des Backofens 25 bis 30 Minuten goldgelb backen. Die Backletts nur kurz im Backblech ruhen lassen, dann vorsichtig aus den Förmchen nehmen, sodass die essbaren Förmchen nicht durchweicht werden. Mini-Quiches aus Mürbeteig vorsichtig aus den Förmchen lösen. Das Gebäck warm servieren. Bon appétit!

Salami-Pepperoni-Muffins

Für den Teig und Belag

- **2 Tassen (300 g) scharfe Salami oder Peperoniwurstscheiben, dick geschnitten**

Für den Teig

- **1 Tasse (120 g) Weißmehl**
- **1 Tasse (150 g) Maismehl**
- **3 TL Backpulver**
- **1/2 TL Salz**
- **Pfeffer**
- **1/2 TL rotes Paprikapulver**
- **1 EL zerkleinerte Zwiebel**
- **1/2 Tasse (60 g) fein geschnittene grüne Paprikastückchen**
- **1 Bund Schnittlauch, geschnitten**
- **1/2 Tasse (50 g) geriebener scharfer Käse (wahlweise)**
- **1 Ei**
- **1/3 Tasse (80 ml) Olivenöl oder 1/2 Tasse (125 g) weiche Butter oder Margarine**
- **1 Tasse (250 ml) Milch oder Buttermilch**

1 Den Backofen auf 190 °C (Umluft 170 °C) vorheizen. Die Muffinsblechvertiefungen gut einfetten. Bitte keine Papierbackförmchen verwenden, da der Teig sonst am Papier kleben bleibt!

2 Auf einem Schneidebrett die Salami- oder Pepperoniestückchen in kleine Achtecke schneiden. 12 Stückchen für den Belag zur Seite legen. Die restlichen Scheiben in kleine Stückchen schneiden.

3 In einer mittelgroßen Schüssel die trockenen Zutaten, d. h. das Mehl mit dem Backpulver, Salz und Pfeffer, Paprikapulver, den Zwiebel- und Paprikastückchen, dem Schnittlauch und wahlweise dem Käse, sorgfältig und gründlich vermischen.

4 In einer weiteren großen Schüssel das Ei aufschlagen und leicht verquirlen. Öl oder Butter und die Milch oder die Buttermilch unterrühren.

5 Zuletzt die trockenen Zutaten beifügen und nur so lange rühren, bis sie feucht sind.

6 Den Teig in die Muffinsblechvertiefungen einfüllen. Auf jedes Teigteil ein Salamistückchen setzen und in den Teig eindrücken. Bei 180 °C (Umluft 160 °C) auf mittlerer Schiebeleiste 20 bis 25 Minuten backen. Die Muffins im Backblech 5 bis 10 Minuten ruhen lassen, dann aus den Förmchen nehmen und noch warm servieren.

► **Tipp:** Anstelle der Peperonistückchen können Sie auch Bifis verwenden. Für den Kindergeburtstag oder die Party jeweils 1 Mini-Bifi vor dem Backen in den Teig drücken. Jetzt kann die Party steigen!

Sauerkraut-Speck-Muffins

Zum Anbraten

- **1/2 Tasse (100 g) geräucherter, magerer Speck**
- **1 Zwiebel**
- **1 Tasse (150 g) Sauerkraut**
- **1 kleiner Apfel, grob geraspelt (ca. 50 g)**

Für den Teig

- **1 3/4 Tasse (230 g) Brot- oder Weißmehl**
- **1 EL Kümmel (wahlweise)**
- **2 1/2 TL Backpulver**
- **1/2 TL Natron**
- **1/2 TL Salz**
- **Pfeffer**
- **1 Ei**
- **1/4 Tasse (60 ml) Pflanzenöl oder 1/4–1/2 Tasse (100 g) weiche Butter oder Margarine**
- **1 Tasse (250 g) Buttermilch, Sauermilch oder Jogurt**

1 Den Backofen auf 190 °C (Umluft 170 °C) vorheizen. Die Muffinsblechvertiefungen gut einfetten. Bitte keine Papierbackförmchen verwenden, da ansonsten der Teig allzu leicht am Papier haften bleibt.

2 Den Speck in Würfel schneiden und in einer Pfanne bei schwacher Hitze auslassen. Die Zwiebel schälen, fein hacken und mitdünsten; beiseite stellen und abkühlen lassen. Das Sauerkraut nach Bedarf in einem Sieb gut abtropfen lassen.

3 In einer mittelgroßen Schüssel die trockenen Zutaten, d.h. das Mehl mit dem Backpulver und dem Natron, dem Apfel, dem Sauerkraut, wahlweise dem Kümmel und dem Salz und Pfeffer, sorgfältig und gründlich vermischen.

4 In einer weiteren großen Schüssel das Ei aufschlagen und leicht verquirlen. Dann das Öl oder die Butter, die Buttermilch oder den Jogurt, den Speck und die Zwiebel hinzufügen und gründlich verrühren.

5 Zuletzt die trockenen Zutaten beifügen und vorsichtig unterheben. Nur noch so lange weiterrühren, bis die trockenen Zutaten feucht geworden sind. Den Teig sollten Sie auf keinen Fall zu lange rühren.

▶ **Tipp:** Die Muffins mit Sauerkraut und Speck sind ein deftiger Genuss, der an gemütliche Abende auf bayerischen Volksfesten erinnert. Anstelle des Sauerkrauts können Sie aber auch alle möglichen anderen Krautsorten verwenden, z. B. vorgegartes Weißkraut (Bayrisch Kraut), angedünsteten Wirsing, Spitzkohl oder Rotkohl (hier sollten Sie den Speck weglassen und die Apfelmenge entsprechend erhöhen.

Alternativ können Sie dem Teig auch noch 70 Gramm fein geschnittene Ananasstückchen hinzufügen. Das schmeckt zu jeder Art von Kohl ganz köstlich.

6 Den Teig in die Muffinsblechvertiefungen einfüllen. Bei 180 °C (Umluft 160 °C) auf der mittleren Schiebeleiste des Backofens 20 bis 25 Minuten backen. Die Muffins noch 5 bis 10 Minuten im Backblech ruhen lassen, dann aus den Förmchen nehmen und noch warm servieren.

Schinken-Champignon-Muffins

Für den Teig

- **1 Tasse (120 g) Vollkornmehl**
- **1 Tasse (140 g) Weißmehl**
- **2 1/2 TL Backpulver**
- **1/2 TL Natron**
- **1/2 TL Salz**
- **Pfeffer**
- **1/2 TL Paprikapulver, edelsüß**
- **1 kleine, gehackte Zwiebel**
- **1 zerdrückte Knoblauchzehe**
- **1/2 Tasse (60 g) fein geschnittene grüne Paprikastückchen**
- **1/4 Tasse (60 g) Selleriestückchen**
- **1 Bund Schnittlauch, geschnitten**
- **3/4 Tasse (100 g) Champignon, in Scheibchen geschnitten (frisch oder aus der Dose)**
- **1 Ei**
- **1/4 Tasse (60 ml) Pflanzenöl oder 1/4–1/2 Tasse (100 g) weiche Butter oder Margarine**
- **1 1/4 Tassen (300 g) Buttermilch, Sauermilch oder Jogurt**
- **1 Tasse (250 g) geräucherter oder roher Schinken, klein geschnitten (oder Putenfleisch, vorher kurz angebraten)**

1 Den Backofen auf 190 °C (Umluft 170 °C) vorheizen. Die Muffinsblechvertiefungen gut einfetten und mit Mehl bestäuben. Bitte keine Papierbackförmchen verwenden, da der Teig sonst allzu leicht am Papier kleben bleibt!

2 In einer mittelgroßen Schüssel die trockenen Zutaten, d.h. Mehl, Backpulver, Natron, Salz und Pfeffer, Paprika, Pfeffer, Zwiebel, Knoblauch, Paprika- und Selleriestückchen, dem Schnittlauch und den Champignons, sorgfältig vermischen.

3 In einer weiteren großen Schüssel das Ei aufschlagen und leicht verquirlen. Das Öl oder die Butter, die Buttermilch oder den Jogurt und die Fleisch- oder Wurststückchen unterrühren.

4 Zuletzt die trockenen Zutaten beifügen und vorsichtig unterheben, bis sie feucht geworden sind. Den Teig sollten Sie auf keinen Fall zu lange rühren.

5 Den Teig in die Muffinsblechvertiefungen einfüllen. Bei 180 °C (Umluft 160 °C) auf mittlerer Schiebeleiste 20 bis 25 Minuten backen.

6 Die Muffins im Backblech noch 5 bis 10 Minuten ruhen lassen, dann aus den Förmchen nehmen und noch warm servieren.

▶ **Tipp:** Muffins mit Schinken und Champignons sind – wie bei der Pizza – die beliebtesten herzhaften Muffins. Denken Sie aber auch über Varianten nach:

Im Spätsommer, wenn es auf dem Markt frische Pilze gibt, können Sie die Champignons durch andere Sorten ersetzen. (Oder sammeln Sie selbst? Dann sind Muffins mit frischen Pilzen eine herrliche Möglichkeit, Ihren Fund zu verarbeiten.)

Gekochter Schinken ist besonders mild und macht die Muffins schön saftig. Kalorienarme Varianten sind Putenbrust oder Hähnchenbrust. Aber auch kalter Braten lässt sich gut verarbeiten.

Shrimps-Muffins

Zum Andünsten

- 1 Schalotte
- 1 Möhre
- 1–2 EL Öl
- 1 Tasse (150 g) Shrimps (frisch, tiefgekühlt oder konserviert)

Für den Teig

- 1 3/4 Tassen (250 g) Brot- oder Weißmehl
- 2 1/2 TL Backpulver
- 1/2 TL Natron
- 1/4 TL Koriander (wahlweise)
- 1/2 TL Paprika, edelsüß
- 1–2 EL frische oder 1–2 TL getrocknete Kräuter (z. B. Petersilie oder Schnittlauch)
- 1/2 TL Salz
- Pfeffer
- 1 Ei
- 1/4 Tasse (60 ml) Pflanzenöl oder 1/4–1/2 Tasse (100 g) weiche Butter oder Margarine
- 3/4–1 Tasse (ca. 225 g) Crème fraîche oder saure Sahne
- 1/4 Tasse (60 ml) Weißwein, Portwein oder Bier
- 1 EL Zitronensaft oder Worchestersauce

1 Den Backofen auf 190 °C (Umluft 170 °C) vorheizen.

2 Die Muffinsblechvertiefungen gut einfetten. Bitte keine Papierbackförmchen verwenden, da sonst der Teig allzu leicht am Papier kleben bleibt.

3 Die Schalotte schälen und fein hacken. Die Möhre waschen, schälen und raspeln. Die Schalotte und das Gemüse in einer Pfanne kurz andünsten; beiseite stellen.

4 In einer mittelgroßen Schüssel die trockenen Zutaten, d. h. das Mehl mit iBackpulver und dem Natron, den Shrimps, den Gewürzen und Kräutern und dem Salz und Pfeffer, vermischen.

5 In einer weiteren großen Schüssel das Ei aufschlagen und ganz leicht verquirlen. Dann Öl oder Butter, Crème fraîche oder saure Sahne, Wein oder Bier, Zitronensaft oder Worchestersauce und Gemüse hinzufügen und verrühren. Zuletzt die trockenen Zutaten beifügen und unterheben. Nur noch so lange weiterrühren, bis die trockenen Zutaten feucht geworden sind. Den Teig sollten Sie auf keinen Fall zu lange rühren.

6 Den Teig in die Muffinsblechvertiefungen einfüllen. Bei 180 °C (Umluft 160 °C) 20 bis 25 Minuten backen.

7 Die Muffins noch 5 bis 10 Minuten im Backblech ruhen lassen, dann aus den Förmchen nehmen und noch warm servieren.

▶ **Tipp:** Anstelle der Shrimps können Sie andere Meeresfrüchte-Sorten, wie z. B. Garnelen oder Krabben verwenden. Und auch mit Muscheln aller Art schmecken die Muffins ganz köstlich.

Wiener-Würstchen-Muffins

Zum Anbraten
- 4 Wiener Würstchen oder 12 kleine Partywürstchen
- 1 Zwiebel
- 1–2 EL Öl
- 1 Möhre

Für den Teig
- 1 3/4–2 Tassen (250 g) Brot- oder Weißmehl
- 2 1/2 TL Backpulver
- 1/2 TL Natron
- 1/2 TL Paprikapulver
- 1/2 TL Salz
- Pfeffer
- 1 Ei
- 1/4 Tasse (60 ml) Pflanzenöl oder 1/4–1/2 Tasse (100 g) weiche Butter oder Margarine
- 3/4–1 Tasse (225 g) Buttermilch
- 5 EL (50 g) Tomatenketchup
- 1–2 EL scharfer Senf

Zum Servieren
- Ketchup oder Senf

1 Den Backofen auf 190 °C (Umluft 170 °C) vorheizen. Die Muffinsblechvertiefungen gut einfetten. Bitte keine Papierbackförmchen verwenden, das sonst der Teig allzu leicht am Papier kleben bleibt.

2 Die Würstchen in je 3 Stücke schneiden. Die Zwiebel schälen, in Ringe schneiden und in einer Pfanne in Öl kurz dünsten. Die Möhre waschen, putzen, raspeln und mit den Zwiebeln kurz mitdünsten; beiseite stellen.

3 In einer mittelgroßen Schüssel die trockenen Zutaten, d. h. das Mehl mit dem Backpulver und dem Natron, dem Paprika und dem Salz und Pfeffer, sorgfältig vermischen.

4 In einer weiteren großen Schüssel das Ei aufschlagen und leicht verquirlen. Dann das Öl oder die Butter, die Buttermilch, den Tomatenketchup, den Senf, die Zwiebel und die Möhren hinzufügen und gut verrühren.

5 Zuletzt die trockenen Zutaten beifügen und vorsichtig unterheben. Nur noch so lange weiterrühren, bis die trockenen Zutaten feucht geworden sind.

6 Den Teig in die Muffinsblechvertiefungen einfüllen. Je 1 Wurststückchen oder Partywürstchen auf den Teig legen und leicht eindrücken. Bei 180 °C (Umluft 160 °C) auf mittlerer Schiebeleiste 20 bis 25 Minuten backen. Die Muffins 5 bis 10 Minuten im Backblech ruhen lassen, dann aus den Förmchen nehmen und noch warm servieren.

► **Tipp:** Servieren Sie zu diesen Muffins Ketchup oder Senf, wie bei einem echten »hot dog«! Auch für diese Muffins sind die größeren Rechteckformen gut geeignet, wie Sie auf dem Rezeptfoto sehen können.

Grundrezept Muffins mit Gemüse

Für den Teig

- **1 Tasse (150 g) Gemüse Ihrer Wahl (z. B. Paprika, Möhren, Zucchini, Lauch)**
- **2 EL frische Kräuter oder 2 TL getrocknete Kräuter (z. B. Petersilie, Schnittlauch)**
- **1 3/4–2 Tasse (250 g) Brot- oder Weißmehl (oder beides gemischt)**
- **2 1/2 TL Backpulver**
- **1/2 TL Natron**
- **1 TL Gewürze (z. B. Paprika, Basilikum) nach Belieben**
- **1–1 1/4 Tassen (100–125 g) geriebener Käse (z. B. Emmentaler oder Greyerzer)**
- **1/2 TL Salz**
- **Pfeffer**
- **1 Ei**
- **1/4 Tasse (60 ml) Pflanzenöl oder 1/4–1/2 Tasse (100 g) weiche Butter oder Margarine**
- **1–1 1/2 Tassen (250–300 g) Buttermilch, Jogurt, Crème fraîche oder saure Sahne (Schmant)**

Zum Bestreuen

- **Nach Belieben 1/2 Tasse (50 g) geriebener oder geraspelter Käse**

1 Den Backofen auf 190 °C (Umluft 170 °C) vorheizen. Die Muffinsblechvertiefungen gut einfetten und mit Mehl bestäuben. Bitte keine Papierbackförmchen verwenden, da der Teig sonst allzu leicht am Papier festkleben würde.

2 Das Gemüse je nach Sorte waschen, putzen und in kleine Stückchen schneiden. Frische Kräuter waschen und fein hacken. Die Zwiebel schälen, den Knoblauch zerdrücken. Nach Belieben beides in einer Pfanne mit Öl kurz dünsten. Das Gemüse hinzufügen und mitdünsten; dann beiseite stellen und leicht abkühlen lassen.

3 In einer mittelgroßen Schüssel die trockenen Zutaten, d.h. das Mehl mit dem Backpulver und dem Natron, dem Gemüse, den Kräutern, eventuell dem Käse und dem Salz und Pfeffer, sorgfältig und gründlich vermischen.

4 In einer weiteren großen Schüssel das Ei aufschlagen und ganz leicht verquirlen. Dann das Öl oder die Butter und die Milchprodukte hinzufügen und gründlich verrühren.

5 Zuletzt die trockenen Zutaten beifügen und vorsichtig unterheben. Nur noch so lange weiterrühren, bis die trockenen Zutaten feucht geworden sind. Den Teig sollten Sie auf keinen Fall zu lange rühren.

6 Den Teig in die Muffinsblechvertiefungen einfüllen und eventuell mit geriebenem Käse bestreuen. Bei 180 °C (Umluft 160 °C) auf mittlerer Schiebeleiste 20 bis 25 Minuten backen.

7 Die Muffins noch 5 bis 10 Minuten im Backblech ruhen lassen, dann aus den Förmchen nehmen und warm servieren!

▶ **Tipp:** Lieben Sie es besonders deftig, dann können Sie nach Belieben dem Teig noch 100 Gramm Fleisch oder Wurststückchen hinzufügen. Allein Ihr Geschmack entscheidet! Für eine vegetarische Variante eignet sich auch Tofu, den Sie gewürfelt hinzugeben.

Artischocken-Muffins

Für den Teig

- 1 Dose (150 g) Artischockenböden oder -herzen
- 2 hartgekochte Eier
- 2 Tomaten
- 1 Knoblauchzehe
- 1 3/4–2 Tassen (250 g) Brot- oder Weißmehl
- 2 1/2 TL Backpulver
- 1/2 TL Natron
- 1 Tasse (100 g) geriebener, würziger Käse
- 1 EL frischer Dill, gehackt oder 1 TL getrockneter Dill
- 1/2 TL Rosmarin
- 1/2 TL Basilikum
- 1/2 TL Salz
- Pfeffer
- 1 Ei
- 1/4 Tasse (60 ml) Olivenöl oder 1/4–1/2 Tasse (100 g) weiche Butter oder Margarine
- 1/2–3/4 Tasse (150 g) Jogurt oder saure Sahne (Schmant)
- 3 Spritzer Sojasauce
- 1–2 TL scharfer Senf

Zum Bestreuen

- 1/2 Tasse (50 g) geriebener Käse

1 Den Backofen auf 190 °C (Umluft 170 °C) vorheizen. Die Muffinsblechvertiefungen gut einfetten. Bitte keine Papierbackförmchen verwenden, da der Teig sonst allzu leicht am Papier festkleben würde.

2 Die Artischokenböden pürieren oder in kleine Stückchen schneiden. Die Eier schälen und in kleine Stückchen schneiden. Die Tomaten waschen und in Stücke schneiden. Die Knoblauchzehe in der Knoblauchpresse zerdrücken.

3 In einer mittelgroßen Schüssel die trockenen Zutaten, d.h. das Mehl mit dem Backpulver, dem Natron, dem Knoblauch, dem Käse, den Kräutern und Gewürzen und dem Salz und Pfeffer, sorgfältig und gründlich vermischen.

4 In einer weiteren großen Schüssel das Ei aufschlagen und ganz leicht verquirlen. Dann das Öl oder die Butter, die Eier, die Tomaten, die Artischoken, den Jogurt oder die saure Sahne, die Sojasauce und den Senf hinzufügen und gut verrühren.

5 Zuletzt die trockenen Zutaten beifügen und vorsichtig unterheben. Nur noch so lange weiterrühren, bis die trockenen Zutaten feucht geworden sind. Den Teig sollten Sie auf keinen Fall zu lange rühren.

6 Den Teig in die Muffinsblechvertiefungen einfüllen und mit Käse bestreuen. Im heißen Backofen bei 180 °C (Umluft 160 °C) auf der mittleren Schiebeleiste des Backofens 20 bis 25 Minuten backen.

7 Die Muffins noch 5 bis 10 Minuten im Backblech ruhen lassen, dann aus den Förmchen nehmen und noch warm servieren!

Avocado-Muffins

Zum Einweichen

- **1 Tasse (ca. 100 g) Croutons (getrocknete, in Butter geröstete Brotwürfel, selbst hergestellt oder aus der Packung)**

Für den Teig

- **1 1/4 Tassen (175 g) Brot- oder Weißmehl**
- **2 1/2 TL Backpulver**
- **1/2 TL Natron**
- **1/2 Tasse (50 g) geschnittene Zwiebel**
- **1 Knoblauchzehe, durchgepresst**
- **1/2 TL Basilikum**
- **1/2 TL Kümmel (wahlweise)**
- **1/2 TL Salz**
- **Pfeffer**
- **1 Gemüsebrühwürfel oder 1 EL gekörnte Gemüsebrühe**
- **1 Ei**
- **1/4 Tasse (60 ml) Pflanzenöl**
- **1 1/4 Tassen (250–300 g) saure Sahne (Schmant) oder Jogurt**
- **2 Tomaten, gehäutet und gewürfelt**
- **1 Tasse (ca. 100 g) Avocado, püriert**
- **1 EL Zitronensaft**
- **1 TL Tabasco (wahlweise)**

Zum Bestreuen

- **3–4 EL gehackte Kräuter**

1 Den Backofen auf 190 °C (Umluft 160 °C) vorheizen. Die Muffinsblechvertiefungen gut einfetten und mit Mehl bestäuben. Bitte keine Papierbackförmchen verwenden, da sonst der Teig allzu leicht am Papier kleben bleiben würde.

2 Die Croutons in einen Gefrierbeutel geben und die Tüte verschließen. Mit einem Nudelholz mehrmals darüber rollen, um die Brotwürfel fein zu zermahlen.

3 In einer mittelgroßen Schüssel die trockenen Zutaten, d. h. das Mehl mit dem Backpulver und dem Natron, den Brotkrümeln, der Zwiebel, dem Knoblauch, den Gewürzen, dem Salz und Pfeffer und der Gemüsebrühe, sorgfältig vermischen.

4 In einer weiteren großen Schüssel das Ei aufschlagen und ganz leicht verquirlen. Dann das Öl, die Mayonnaise, die saure Sahne, die Tomatenwürfel, die Avocado, den Zitronensaft und den Tabasco hinzufügen und gut verrühren.

5 Zuletzt die trockenen Zutaten beifügen und vorsichtig unterheben. Nur so lange rühren, bis die trockenen Zutaten feucht geworden sind. Den Teig sollten Sie auf keinen Fall zu lange rühren.

6 Den Teig in die Muffinsblechvertiefungen einfüllen. Bei 180 °C (Umluft 160 °C) auf der mittleren Schiebeleiste des Backofens 25 bis 30 Minuten backen. Die Muffins noch 5 bis 10 Minuten im Backblech ruhen lassen, dann aus den Förmchen nehmen und noch warm servieren. Nach Belieben mit gehackten Kräutern bestreuen.

Blumenkohl-Walnuss-Muffins

Für den Teig

- **1 3/4–2 Tassen (250 g) Brot- oder Weißmehl**
- **2 1/2 TL Backpulver**
- **1/2 TL Natron**
- **1/2 Tasse (60 g) gehackte Walnüsse**
- **1 Tasse (100 g) geriebener Käse**
- **1 Tasse (ca. 150 g) geschnittener roher Blumenkohl**
- **1/2 TL Muskatnuss**
- **1/2 TL Salz**
- **Pfeffer**
- **1 EL gekörnte Gemüsebrühe oder 1 Gemüsebrühwürfel**
- **1 Ei**
- **1/3 Tasse (80 ml) Pflanzenöl**
- **1 EL Zitronensaft**
- **1/3–2/3 Tasse (100–150 ml) Schlagsahne**
- **2/3 Tasse (ca. 160 g) saure Sahne**

Für die Frischkäsecreme und zum Bestreuen

- **1/2 Tasse (150 g) Frischkäse**
- **2–3 EL Milch**
- **1/2 Päckchen Zwiebelsuppenpulver**
- **3 EL gehackte Walnüsse oder frische Kräuter nach Geschmack**

1 Den Backofen auf 190 °C (Umluft 160 °C) vorheizen. Muffinsblechvertiefungen gut einfetten und mit Mehl bestäuben. Bitte keine Papierbackförmchen verwenden, da der Teig sonst allzu leicht am Papier kleben bleiben würde.

2 In einer mittelgroßen Schüssel die trockenen Zutaten, d.h. das Mehl mit dem Backpulver und dem Natron, den Nüssen, dem Käse, dem Blumenkohl, den Gewürzen, dem Salz und Pfeffer und der Gemüsebrühe, sorgfältig und gründlich vermischen.

3 In einer weiteren großen Schüssel das Ei aufschlagen und leicht verquirlen. Dann das Öl, den Zitronensaft, die süße und die saure Sahne hinzufügen und gründlich zu einer glatten Masse verrühren.

4 Zuletzt die trockenen Zutaten beifügen und vorsichtig unterheben. Nur so lange rühren, bis die trockenen Zutaten feucht geworden sind. Den Teig sollten Sie auf keinen Fall zu lange rühren.

▶ **Tipp:** Eine herrliche Variante dieses Rezepts sind die feinen Brokkoli-Mandel-Muffins: Ersetzen Sie dafür einfach den Blumenkohl durch die gleiche Menge Brokkoliröschen und die gehackten Walnüsse durch gehackte Mandeln. Die Creme sollten Sie mit Mandelblättchen bestreuen. Eine tolle Beilage zum Braten!

5 Den Teig in die Muffinsblechvertiefungen einfüllen. Bei 180 °C (Umluft 160 °C) auf mittlerer Schiebeleiste 25 bis 35 Minuten backen.

6 Die Muffins noch 5 bis 10 Minuten im Backblech ruhen lassen, dann aus den Förmchen nehmen und auf einem Kuchengitter abkühlen lassen.

7 Den Frischkäse mit der Milch und dem Suppenpulver zu einer glatten Creme verrühren. Diese Creme gleichmäßig auf die Muffins streichen und mit gehacken Nüssen oder gehackten Kräutern bestreuen. Guten Appetit!

Eier-Kräuter-Muffins

Für die Füllung und zum Anbraten

- **6 hartgekochte Eier**
- **2 EL Öl**
- **1 Schalotte**
- **1 Tasse (150 g) Gemüse (z. B. Möhre, Sellerie, Lauch)**
- **2–3 EL gehackte frische oder 2–3 TL getrocknete Kräuter (z. B. Petersilie, Schnittlauch)**
- **1 Gemüsebrühwürfel oder 1 EL Gemüsebrühe**

Für den Teig

- **1 3/4–2 Tassen (250 g) Brot- oder Weißmehl**
- **2 1/2 TL Backpulver**
- **1/2 TL Natron**
- **1/2 TL Paprikapulver**
- **3 Msp. Cayennepfeffer**
- **1 Tasse (100 g) geriebener, würziger Käse**
- **1/2 TL Salz**
- **Pfeffer**
- **1 Ei**
- **1/4 Tasse (60 ml) Pflanzenöl oder 1/4–1/2 Tasse (100 g) weiche Butter**
- **1 Tasse (250 g) Jogurt oder Buttermilch**
- **2 EL Mayonnaise**
- **1 EL scharfer Senf**

1 Den Backofen auf 190 °C (Umluft 170 °C) vorheizen. Die Muffinsblechvertiefungen einfetten. Bitte keine Papierbackförmchen verwenden, da sonst der Teig am Papier kleben bleibt!

2 Die Eier schälen, halbieren und für die Füllung beiseite legen. Die Schalotte und das Gemüse waschen, putzen und in kleine Stücke schneiden. Die Zwiebel- und Gemüsestückchen in einer Pfanne in Öl kurz dünsten; beiseite stellen und abkühlen.

3 In einer mittelgroßen Schüssel die trockenen Zutaten, d. h. das Mehl mit dem Backpulver und dem Natron, den Kräutern, dem Paprikapulver, dem Cayennepfeffer, dem Käse, dem Salz und Pfeffer und der Gemüsebrühe, sorgfältig vermischen.

4 In einer weiteren großen Schüssel das Ei aufschlagen und leicht verquirlen. Dann das Öl oder die Butter, den Jogurt oder die Buttermilch, die Mayonnaise, den Senf und das Gemüse hinzufügen und gut verrühren. Zuletzt die trockenen Zutaten beifügen und vorsichtig unterheben. Nur noch so lange weiterrühren, bis die trockenen Zutaten feucht sind.

5 Die Hälfte des Teigs in die Muffinsblechvertiefungen einfüllen. Dann jeweils 1/2 gekochtes Ei in die Mitte des Teigs legen und mit dem restlichen Teig auffüllen. Bei 180 °C (Umluft 160 °C) auf mittlerer Schiebeleiste 20 bis 25 Minuten backen. Die Muffins 5 bis 10 Minuten im Backblech ruhen lassen, dann aus den Förmchen nehmen und warm servieren!

▶ **Tipp:** Diese Muffins eignen sich hervorragend für das Osterbrunch! Wenn Sie es deftig lieben, dann können Sie dem Teig noch 100 Gramm gewürfelten Schinken oder ausgelassene Speckwürfel hinzufügen. Wenn Sie ein rechteckiges 6er-Blech für extragroße Muffins verwenden, dann können Sie jeweils ein ganzes hart gekochtes Ei als Füllung verwenden. Diese größeren Muffins für den herzhaften Hunger sehen Sie auf dem nebenstehenden Rezeptfoto.

Goldfischli-Muffins

Zum Zerbröseln

- **1 Pck. (150 g) Goldfischli (salzige Kekse, z. B. mit Sesam)**

Für den Teig

- **1 1/4 Tassen (175 g) Weißmehl**
- **2 1/2 TL Backpulver**
- **1/2 TL Natron**
- **3/4 Tasse (100 g) geriebener würziger Käse (z. B. Emmentaler)**
- **2 EL frische oder 2 TL getrocknete Kräuter**
- **1/2 Tasse (50 g) Sesamsamen**
- **1/2 Tasse (60 g) grob gemahlene, gesalzene Macadamianüsse (wahlweise)**
- **1/2 TL Salz**
- **Pfeffer**
- **1 Ei**
- **1/4 Tasse (60 ml) Pflanzenöl oder 1/4–1/2 Tasse (100 g) weiche Butter**
- **1–1 1/4 Tassen (275–300 g) Buttermilch oder Milch**
- **2 TL mittelscharfer Senf**

Für die Verzierung

- **1 Pck. (200 g) Frischkäse**
- **1/4 TL Salz**
- **1–2 EL Milch oder Jogurt**

1 Den Backofen auf 190 °C (Umluft 170 °C) vorheizen. Die Muffinsblechvertiefungen gut einfetten. Bitte keine Papierbackförmchen verwenden, da der Teig sonst am Papier kleben bleibt.

2 Etwa 50 Gramm Goldfischli für die Verzierung beiseite legen. Die restlichen Goldfischlis in einen Gefrierbeutel geben, diesen verschließen und mit einem Nudelholz mehrmals darüber rollen, um die Kekse kräftig zu zerbröseln.

3 In einer mittelgroßen Schüssel die trockenen Zutaten, d. h. das Mehl mit den Kekskrümeln, dem Käse, den Kräutern, dem Sesam, den Nüssen, dem Salz und Pfeffer, dem Backpulver und dem Natron, sorgfältig vermischen.

4 In einer weiteren großen Schüssel das Ei aufschlagen und leicht verquirlen. Dann das Öl oder die Butter, die Buttermilch oder die Milch und den Senf hinzufügen und gründlich verrühren.

5 Zuletzt die trockenen Zutaten beifügen und vorsichtig unterheben. Nur so lange rühren, bis die trockenen Zutaten feucht sind.

6 Den Teig in die Muffinsblechvertiefungen einfüllen. Bei 180 °C (Umluft 160 °C) auf mittlerer Schiebeleiste 20 bis 25 Minuten backen. Die Muffins 5 bis 10 Minuten im Backblech ruhen lassen, dann aus den Förmchen nehmen und auf einem Kuchengitter vollständig abkühlen lassen.

7 Den Frischkäse mit Salz und Milch oder Jogurt zu einer glatten Creme verrühren und auf die Muffins streichen oder die Masse in einen Spritzbeutel füllen und die Muffins damit hübsch verzieren. Mit Goldfischlis verzieren.

► **Tipp:** Den restlichen Frischkäse können Sie auch mit etwas mehr Flüssigkeit verrührt als Dipp zu den Muffins reichen. Lieben Sie es bunt, dann können Sie den Frischkäse auch mit blauer Speisefarbe einfärben – à la Aquarium – eben echt amerikanisch – enjoy!

Minestrone-Muffins

Zum Andünsten

- 1 1/2 Tassen (250 g) gemischtes Gemüse (z. B. Möhren, Sellerie, Zucchini)
- 1 kleine Zwiebel
- 1 Knoblauchzehe
- 2 EL Öl

Für den Teig

- 1 1/2 Tassen (200 g) Brot- oder Weißmehl
- 2 1/2 TL Backpulver
- 1/2 TL Natron
- 1/2 Tasse (50 g) Haferflocken
- 1–2 EL gehackte, frische Kräuter oder 1–2 TL getrocknete Kräuter
- 5–6 EL geriebener Parmesankäse (wahlweise)
- 1/2 TL Salz
- Pfeffer
- 1 Ei
- 1/4 Tasse (60 ml) Olivenöl
- 1/2–3/4 Tasse (150 g) Jogurt oder saure Sahne (Schmant)
- 1/4–1/2 Tasse (100–125 ml) Gemüsebrühe

Zum Bestreuen

- 4 EL geriebener Parmesankäse

1 Den Backofen auf 190 °C (Umluft 170 °C) vorheizen. Die Muffinsblechvertiefungen gut einfetten. Bitte keine Papierbackförmchen verwenden, da sonst der Teig am Papier kleben bleibt.

2 Frisches Gemüse waschen, putzen und in kleine Stückchen schneiden. Gemüse aus der Dose in einem Sieb gut abtropfen. Tiefgekühltes Gemüse ganz kurz antauen lassen. Die Zwiebel schälen und sehr fein hacken. Die Knoblauchzehe schälen und mit der Knoblauchpresse oder einer Gabel zerdrücken. Die Zwiebel, den Knoblauch und das Gemüse in einer Pfanne in Öl kurz andünsten.

3 In einer mittelgroßen Schüssel die trockenen Zutaten, d. h. das Mehl mit dem Backpulver und dem Natron, den Kräutern, nach Belieben dem Käse und dem Salz und Pfeffer, sorgfältig vermischen.

4 In einer weiteren großen Schüssel das Ei aufschlagen und leicht verquirlen. Dann das Öl, den Jogurt oder die saure Sahne, die Gemüsebrühe und die Zwiebel-Gemüsemasse hinzufügen und gut verrühren.

► **Tipp:** Gemüse-Allerlei gibt es als fertige Mischung tiefgekühlt oder in Dosen zu kaufen. Für die Gemüsebrühe 1 Gemüsebrühwürfel oder 1 Esslöffel gekörnte Gemüsebrühe in 100 ml warmem Wasser auflösen. Lieben Sie es deftig, dann können Sie dem Teig noch ca. 80 Gramm ausgelassene Speckwürfel oder Parmaschinkenstücke hinzufügen.

5 Zuletzt die trockenen Zutaten beifügen und vorsichtig unterheben. Nur so lange rühren, bis die trockenen Zutaten feucht geworden sind. Den Teig sollten Sie auf keinen Fall zu lange rühren.

6 Den Teig in die Muffinsblechvertiefungen einfüllen und nach Belieben mit Parmesan bestreuen. Bei 180 °C (Umluft 160 °C) auf mittlerer Schiebeleiste 20 bis 25 Minuten backen. Die Muffins 5 bis 10 Minuten im Backblech ruhen lassen, dann aus den Förmchen nehmen und noch warm servieren. Buon appetito!

Mozzarella-Tomaten-Muffins

Zum Andünsten

- **2 große Tomaten**
- **4 EL frisches Basilikum oder 3–4 TL getrocknetes Basilikum**
- **1/2 TL Oregano**
- **3 EL Olivenscheiben (wahlweise)**
- **1 Zwiebel**
- **1 Knoblauchzehe**
- **1–2 EL Ölivenöl**

Für den Teig

- **2 Tassen (200 g) Mozarella**
- **1 3/4–2 Tassen (250 g) Brot- oder Weißmehl**
- **2 1/2 TL Backpulver**
- **1/2 TL Natron**
- **1/2 TL Salz**
- **Pfeffer**
- **1 Ei**
- **1/4 Tasse (60 ml) Olivenöl**
- **1–2 EL Balsamico-Essig**
- **3/4–1 Tasse (225 g) saure Sahne oder Jogurt**

1 Den Backofen auf 190 °C (Umluft 170 °C) vorheizen. Die Muffinsblechvertiefungen gut einfetten. Bitte keine Papierbackförmchen verwenden, da der Teig sonst am Papier kleben bleibt.

2 Die Tomaten waschen und in kleine Stücke schneiden. Das Basilikum waschen und fein schneiden und die Hälfte zum Bestreuen beiseite legen. Die Zwiebel und den Knoblauch schälen, fein hacken und in einer Pfanne in Öl kurz dünsten. Den Mozarella in einem Sieb gut abtropfen, in kleine Stückchen schneiden und etwa die Hälfte für den Belag beiseite legen.

3 In einer mittelgroßen Schüssel die trockenen Zutaten, d.h. das Mehl mit dem Backpulver und dem Natron, den Kräutern, wahlweise den Oliven, dem Mozarella und dem Salz und Pfeffer, sorgfältig vermischen.

4 In einer weiteren großen Schüssel das Ei aufschlagen und leicht verquirlen. Dann das Öl, den Essig, die saure Sahne oder den Jogurt, die Tomaten und Knoblauch und Zwiebel hinzufügen und gut verrühren. Zuletzt die trockenen Zutaten beifügen und vorsichtig unterheben. Nur noch so lange weiterrühren, bis die trockenen Zutaten feucht geworden sind. Den Teig sollten Sie nicht zu lange rühren.

5 Den Teig in die Muffinsblechvertiefungen einfüllen. Nach Belieben je 1 Tomatenscheibe auf den Teig legen und mit dem restlichen Mozarella bestreuen. Bei 180 °C (Umluft 160 °C) auf mittlerer Schiebeleiste 20 bis 25 Minuten backen. Die Muffins 5 bis 10 Minuten im Backblech ruhen lassen, dann aus den Förmchen nehmen, mit Basilikum bestreuen und noch warm servieren.

▶ **Tipp:** Den Balsamico-Essig können Sie auch durch anderen Essig ersetzen. Als Alternative können Sie dem Teig noch ca. 100 Gramm Prosciutto (italienischer Parmaschinken) hinzufügen.

Wildreis-Pinien-Muffins

Zum Kochen

- ▷ **1/2 Tasse (100 ml) Wasser**
- ▷ **1 EL gekörnte Gemüsebrühe oder 1 Gemüsebrühwürfel**
- ▷ **4 EL (40 g Reis) und 1 EL (10 g) Wildreis**

Für den Teig

- ▷ **1 1/2 Tassen (200 g) Brot- oder Weißmehl**
- ▷ **2 1/2 TL Backpulver**
- ▷ **3/4 TL Natron**
- ▷ **1/2 Tasse (60 g) Pinienkerne**
- ▷ **3/4 Tasse (100 g) Pilzstückchen**
- ▷ **1 Tasse (100 g) geriebener Käse**
- ▷ **1 Zwiebel (gehackt und gedünstet)**
- ▷ **2 EL Schnittlauch, geschnitten**
- ▷ **1 Knoblauchzehe, zerdrückt**
- ▷ **1 TL Paprikapulver, scharf oder edelsüß, nach Geschmack**
- ▷ **1/4 TL Basilikum**
- ▷ **1/4 TL Thymian**
- ▷ **1/2 TL Salz**
- ▷ **Pfeffer**
- ▷ **1 Ei**
- ▷ **1/4 Tasse (60 ml) Pflanzenöl oder 1/4–1/2 Tasse (100 g) weiche Butter oder Margarine**
- ▷ **1 Tasse (250 g) Buttermilch oder Jogurt**

Zum Bestreuen

- ▷ **1/2 Tasse (50 g) geriebener scharfer Käse oder 3–4 gehackte Pinienkerne**

1 Den Backofen auf 190 °C (170 °C) vorheizen. Die Muffinsblechvertiefungen gut einfetten. Bitte keine Papierbackförmchen verwenden, da der Teig sonst am Papier kleben bleibt.

2 Das Wasser mit der Gemüsebrühe zum Kochen bringen. Beide Reissorten hinzufügen, etwa 5 Minuten kochen, beiseite stellen und in einem geschlossenen Topf etwa 25 Minuten quellen lassen. Den Reis abkühlen lassen.

3 In einer mittelgroßen Schüssel die trockenen Zutaten, d.h. das Mehl mit dem Backpulver und dem Natron, wahlweise dem Fleisch, den Pinienkernen, dem Käse, dem Schnittlauch, dem Knoblauch, den Gewürzen und Kräutern und dem Salz und Pfeffer, sorgfältig und gründlich vermischen.

► **Tipp:** Lieben Sie es eher vegetarisch? Dann können Sie anstelle der Pilzstückchen 100 Gramm Wurst oder Fleisch verwenden. Muffins mit Pilzen sollten Sie am gleichen Tag aufessen.

4 In einer weiteren großen Schüssel das Ei aufschlagen und leicht verquirlen. Dann das Öl, die Gemüsebrühe, die Buttermilch oder den Jogurt, die Zwiebel und den gekochten Reis hinzufügen und gut verrühren.

5 Zuletzt die trockenen Zutaten beifügen und vorsichtig unterheben. Nur so lange rühren, bis die trockenen Zutaten feucht geworden sind.

6 Den Teig in die Muffinsblechvertiefungen einfüllen und mit Käse oder Nüssen bestreuen. Bei 180 °C (Umluft 160 °C) auf mittlerer Schiebeleiste 25 bis 35 Minuten backen. Die Muffins 5 bis 10 Minuten im Backblech ruhen lassen, dann aus den Förmchen nehmen und noch warm servieren. Guten Appetit!

Über dieses Buch

Die Autorin

Jutta Renz alias »Miss Muffin«® ist »made in Germany«. Sie studierte vier Jahre lang Musik- und Medienkommunikation in Kanada. Dort fand sie die drei großen Lieben ihres Lebens: Musik, Medien und Muffins. In ihre schwäbische Heimat zurückgekehrt, brachte sie das erste Muffins-Backbuch in deutscher Sprache auf den Markt und hat seitdem eine große Zahl von Büchern zu diesem Thema veröffentlicht. Ein Zeichentrickfilm über »Miss Muffin« ist derzeit in der Planung. Wenn Sie mehr über Jutta Renz wissen wollen, schauen Sie doch einmal auf Ihrer Homepage nach: www.missmuffin.com

Die Fotografen

Helga Florian ist ausgebildete Fotografin und hat sich auf die Bereiche Food, Werbung und Digitale Bildbearbeitung spezialisiert. Sie lebt und arbeitet in Weiden in der Oberpfalz.
Karl Newedel, Münchener Fotodesigner, sammelte nach seiner Ausbildung zum Koch nationale wie internationale Erfahrungen in großen Häusern, bevor er sich 1982 als frei schaffender Food-Stylist einen Namen machte. Seit 1996 agiert er selbst hinter der Kamera und gibt mit seinen Fotografien zahlreichen Büchern ein unverwechselbares Gesicht.

Danksagung

Für die Unterstützung bei der Fotoproduktion danken wir Herrn Ernst Soldan. Der gebürtige Schweizer erkochte sich bereits 1974 einen ersten Michelin-Stern und behielt diesen, wie keiner vor ihm, 24 Jahre lang. Neben vielen internationalen Auszeichnungen wurde er unter anderem auch zum Koch des Jahres gewählt. Seit 1999 bildet er mit Karl Newedel ein perfektes Team.

... und noch ein Hinweis in eigener Sache

Unsere Rezepte werden von erfahrenen Fachautoren kreiert und erprobt. Wir freuen uns jedoch über Anregungen, Tipps oder Kritik und helfen bei Fragen gern weiter.
Bitte wenden Sie sich an:

Weltbild Buchverlag
Steinerne Furt 67
86167 Augsburg
oder schicken Sie uns eine E-Mail an: Simone.Abele@weltbild.com

Haftungsausschluss

Die Inhalte dieses Buches sind sorgfältig recherchiert und erarbeitet worden. Dennoch kann weder die Autorin noch der Verlag für die Angaben in diesem Buch eine Haftung übernehmen.

Bildnachweis

Helga Florian, Weiden: 4/5, 29, 31, 39, 41, 51, 53, 61, 69, 85, 89, 91, 97, 101, 105, 127, 137, 150/51, 155, 159, 163, 173, 179, 185, 187; Karl Newedel, München: 2, 14, 18/19, 25, 47, 57, 67, 75, 81, 111, 117, 123, 133, 143, 149, 171; Jutta Renz, Sindelfingen: 14
Alle Freisteller: Isabelle Rozenbaum & Frédéric Cirou, Paris; mit Ausnahme von: Helga Florian, Weiden: 53; MAURITIUS Die Bildagentur GmbH, Mittenwald: 43; Karl Newedel, München: 21, 23, 32, 33, 36, 37, 72, 74, 78, 88, 92, 94, 106, 107, 120, 124, 132, 139, 153, 166; Stock Food, München: 161 (M. Stock)

Weltbild Buchverlag
–Originalausgaben–

Projektleitung: Dr. Ulrike Strerath-Bolz
Versuchsküche: Irmhild Renz
Umschlaggestaltung und Innenlayout: X-Design, München
DTP-Produktion: AVAK Publikationsdesign, München
Reproduktion: Point-of-Media, Augsburg
Druck und Bindung: Offizin Andersen Nexö Leipzig GmbH – ein Unternehmen der Union Verwaltungsgesellschaft, Spenglerallee 26–30, 04442 Zwenkau

Gedruckt auf chlorfrei gebleichtem Papier

Printed in Germany

ISBN 3-89604-847-3

Alle Rezepte von A bis Z